KB269891

위대한 개츠비

The Great Gatsby

스콧 피츠제럴드

세계의 교양을 읽는다

고전을 왜 읽는가?

인간의 삶과 세상에 대한 영원한 물음이 있기 때문이다. 시대와 사상을 뛰어넘어 지금 여기 우리에게 필요한 물음이 없는 고전은 더이상 고전이 아니다. 인간과 삶에 대한 근원적인 물음 없이 고전을 읽는다면 자신과 인간에 대한 성찰과 지혜로 이어지지 않는다. 논술 시험 때문에, 과제물 때문에, 아니면 남들이 읽으니까, 나도 읽는다는 식이라면 그 책은 죽은 책일 수밖에 없다.

고전을 살아 있는 책으로 만드는 이 '물음!'에 답하기 위해서는 좋은 길잡이가 필요하다. 40년 이상 미국의 고교생과 대학 주니어들이 시험, 에세이 작성, 심층토론 준비를 위해 바이블처럼 애용해온 'CliffsNotes'와 'SPARKNOTES'는 바로 그런 좋은 길잡이의 표본이다. 이 두 시리즈가 원조 논술연구모임인 '일이관지(一以貫之)' 팀의 촌철살인적 해설을 곁들여 〈다락원 명작노트〉로 재탄생해 논술로 고민중인 대한민국 학생 여러분을 찾아간다.

CliffsNotes와 SPARKNOTES의 가장 큰 장점은 방대하고 난해한 고전을 Chapter별로 요약하고 분석해서 원전의 내용에 보다 쉽고 체계적으로 접근하는 신속·간편성이라고 할 수 있다. 여기에 '一以貫之'팀이 원전의 중요한 문제의식, 즉 근원적 '물음'은 무엇이며, 그 '물음'은 오늘날에도 여전히 유효한가, 라는 질문을 다시 던진다.

대입논술로 고민하고, 자칭 타칭의 고전이 넘쳐나는 오늘의 독서풍토에서 지적 정복이 긴박한 대한민국 학생들에게 감히 이 시리즈를 자신있게 권한다.

一以貫之 논술연구모임 연구실장 이호곤

차례

작가 노트 7

작품 노트 17

Chapter별 정리 노트 35

Ch. 1 신비에 싸인 이웃
Ch. 2 톰의 밀애
Ch. 3 닉, 개츠비를 만나다
Ch. 4 개츠비의 고백
Ch. 5 재회
Ch. 6 드디어 파티에 데이지가
Ch. 7 개츠비의 사랑과 데이지의 게임
Ch. 8 개츠비의 죽음
Ch. 9 쓸쓸한 장례식

인물 분석 노트 117

마무리 노트 129

사회 계급: 사회비평서로서의 〈위대한 개츠비〉
안락함 예찬: 〈위대한 개츠비〉에서 자취를 감춘 '정신'

Review 138

권말부록 일이관지 논술 노트 143

진부한 아메리칸 드림의 실체 | 실전 연습문제

CliffsNotes와 SPARKNOTES는 방대한 원작을 보다 쉽게 이해할 수 있도록 돕는 안내서입니다. 원작 이해를 돕기 위해 작가와 작품에 대한 배경 지식, 그리고 매 장마다 간단한 '줄거리'와 '풀어보기'가 실려 있습니다. '줄거리'를 통해서는 원작의 내용을 명쾌하게 파악함으로써 독서의 즐거움을 느낄 수 있을 것입니다. '풀어보기'에는 원작에 담긴 문학적 경향, 등장인물의 심리상태, 시대상, 주제 등을 설명해 놓았습니다. 비판적 글읽기의 바탕이 되는 요소들이죠. 비판적 글읽기는 소설과 비소설 작품을 막론하고 책을 읽을 때 꼭 필요한 자질입니다.

그 밖에도 작품을 좀더 심오하게 분석할 수 있도록 '마무리 노트', 'Review' 등을 마련해 놓아 독자 여러분의 글읽기를 돕고 있습니다.

CliffsNotes에는 특히 관심을 갖고 읽어야 할 필수요소를 강조하기 위해 다음 네 가지 아이콘을 사용하고 있습니다.

 작품 속에 내재된 주제를 드러내줍니다.

 등장인물의 속내를 알 수 있도록 도와줍니다.

 배경, 분위기, 열정, 폭력, 풍자, 상징, 비극, 암시, 불가사의 등의 요소를 밝혀줍니다.

 단어와 문구의 미묘한 느낌을 감상할 수 있도록 해줍니다.

* 〈　〉는 장편소설, 중편소설, 논픽션, 시집. "　"는 수필집, 단편소설

◐ 일이관지(一以貫之) 논술 노트

권말에는 一以貫之 논술팀에서 작성한 논술 노트가 실려 있습니다. 원작을 우리의 삶과 연계시켜 비판적 사고와 논리적 글쓰기의 방향을 제시합니다.

◐ 실전 연습문제

실전 연습문제를 통해서는 원작을 바탕으로 출제 가능성이 높은 논점을 함께 숙고해 봅니다.

작가 노트

작가의 생애 ○

작가의 생애

초년 시절

1896년 9월 24일은 20세기의 주요 미국 작가 중 한 사람인 F. 스콧 피츠제럴드 Francis Scott Fitzgerald가 태어난 날이다. 미네소타 주 세인트폴에서 태어난 스콧은 미국 국가의 작사가이자 먼 사촌인 프랜시스 스콧 키의 이름을 세례명으로 물려받았다. 아버지 에드워드는 사업가로서는 그다지 성공하지 못했지만, 가족에게 예의범절과 우아한 감각을 알게 해 주었다. 어머니 몰리 매퀼리언은 식품 도매업으로 재산을 모은 아일랜드계 이민자의 딸로, 재력가 집안 출신이지만 아들의 장래와 관계된 경우를 제외하고는 사교계에 별 관심이 없었다. 가족은 최상류 주거지인 서밋 가 변두리에서 주로 외가의 지원 하에 편안한 생활을 했다. 피츠제럴드 가족이 도시에서 기품 있고 부유한 집안들과 불과 몇 블록 떨어진 곳에서 살긴 했어도 부자로 여겨지지는 않았기 때문에 그 사회 내에서는 불안정한 위치였다고 할 수 있다. 피츠제럴드 가족에게는 몇몇 비평가들이 소위 '영락했지만 허세를 차리는 것'이라고 했던 측면이 있었다. 사교계에 대한 피츠제럴드의 관심은 미네소타 주에서 부유한 아이들과 어울리던 어린 시절에 시작되었다. 그러나 함께 춤추고 배 타고 수영하고 썰매를 타면서도 그는 늘 그들 사회에 완전하게 속한 적이 없었다는 것을 알고 있었다.

스콧이 어렸을 때 가족들은 이따금씩 미네소타 주에서 살았다. 1897년 아버지가 사업을 접고 난 이듬해에 형이 프록터 앤 갬블 사의 외판원으로 취직하자, 가족도 뉴욕으로 이사를 했고, 버펄로에서 시러큐스, 그리고 다시 버펄로에서 살았다. 그의 가족은 스콧의 12번째 생일을 몇 달 앞둔 1908년에 형이 해고되면서 외가가 있는 세인트폴로 돌아와 어쩔 수 없이 외가에 의존해서 생활했다. 스콧은 세인트폴을 1908년부터 1922년까지의 고향이라고 말하곤 했지만 그보다는 기숙학교와 프린스터 대학교, 육군, 뉴욕에서 대부분의 시간을 보냈다.

예비학교와 대학 시절

스콧의 부모는 지역 사교계와 그다지 어울리진 않았지만, 아들에게는 그 사람들을 만나게 해주었고, 엘리트층의 자녀들이 다니는 예비학교와 댄스 학교에 보냈다. 1908년에 세인트폴 아카데미에 들어간 그는 다양한 경험을 한다.(분명 많은 학생들이 그를 건방지다고 생각했을 것이다.) 노력파인 스콧은 토론과 운동에 능했다. 1909년에는 "레이몬드 집안 저당증서의 수수께끼"가 학교잡지 Now & Then에 실리면서 처음으로 지면에 이름을 올렸고, 그 후 2년 동안 3권의 소설을 더 발표했으며, 희곡도 쓰기 시작했다.

그러나 1911년, 학교 성적이 부진하자 부모는 그를 뉴저지 주의 해켄색에 있는 가톨릭계 예비학교인 뉴먼 스쿨로 보냈고, 그곳에서 그의 재능을 개발하고 개인적 성취와 출세의 꿈을 추구하도록 격려를 아끼지 않은 시거니 페이 신부를 만난다. 뉴먼에서 여러 해를 지내는 동안 피츠제럴드는 학교 문예지에 소설 세 편을 발표하면서, 운동에 대한 관심에도 불구하고 문학 쪽에 더 소질이 있다는 사실을 깨닫는다.

1913년 프린스턴 대학교에 들어간 피츠제럴드는 문학적으로는 성장했지만, 성적은 그렇지 못했다. 그는 학내 트라이앵글 클럽의 뮤지컬 원고와 노래를 썼고, 프린스턴의 출판물에 글도 기고했다. 1917년에는 유급으로 졸업을 못할 것처럼 보이자 육군에 입대해 보병 소위로 임관했다. 군에서도 글쓰기를 계속한 그는 1918년, 찰스 스크리브너스 선스 사에 〈낭만적인 이기주의자 *The Romantic Egoist*〉의 원고를 보냈으나 고쳐서 다시 보내달라는 요청과 함께 퇴짜를 맞기도 했다.

결혼과 일

1918년, 앨라배마 주 몽고메리 부근의 셰리던 부대에 배치되어 있던 동안 그의 인생 여정이 바뀐다. 스물두 살의 스콧이 사교계에 처음 나온 열여덟 살의 젤다 세이어를 만나 사랑에 빠진 것. 앨라배마 대법관의 막내딸인 젤다는 그동안 살아왔던 식으로 스콧이 자신을 부양할 수 있을 때까지 청혼을 받아들이지 않았다. 1919년 2월, 전역하고 뉴욕으로 이사간 피츠제럴드는 결혼자금을 마련하기 위해 광고 대행사에 취직했으나 1919년 6월, 기다리다 지친 젤다가 파혼을 선언한다.

광고 일을 그만두고 세인트폴로 돌아온 그는 〈낭만적인 이기주의자〉를 고쳐 썼고, 9월 저명한 스크리브너스의 편집자 맥스웰 퍼킨스가 〈낙원의 이쪽 *This Side of Paradise*〉이란 현재의 제목으로 출판했다. 그리고 일주일 후 그는 젤다와 결혼했다. 그 소설은 즉각 성공을 거두었고, 스콧과 젤다는 많은 주목을 받으면서 1920년대의 삶을 대표하게 되었다. 여러 면에서 피츠제럴드의 생활방식이 그의 작품들 속에 나오는 삶처럼 간주되었던 것. 부부를 둘러싸고 음주와 춤, 사치스러운 생활에 대한 이야기들이 흘러나왔다. 여러 해에 걸쳐 이들은 미국과 유럽(특히 프랑스)을 폭넓게 여행하면서, (적어도 한동안은) '잃어버린 세대'의 일부로서 국적을 버리고 파리로 이주한 미국인이 되었다. 1921년 젤다는 (스코티로 알려진) 외동딸 프랜스 스콧 피츠제럴드를 낳았다.

축복 받은 상황임에도 불구하고 피츠제럴드의 가정생활은 평탄치 않았다. 두 사람은 알코올에 심하게 의존했다. 그는 멀쩡한 정신으로 글을 쓰긴 했어도 더 자주, 과하게 술을 마셨다. 부부는 음주 문제로 자주 다투었다. 일부 학자들은 술 때문에 스콧이 무책임한 작가라는 평판을 얻게 되었다고 주장했으며, 문학계는 그를 진지하게 생각하지 않았다. 피츠제럴드

는 재정적으로도 고통받았다. 〈낙원의 이쪽〉이 성공을 거두긴
했지만 다음 작품은 그렇지 않았던 것. 그는 사치스러운 생활
을 유지하기 위해 잡지에 단편소설을 기고하느라 많은 시간을
보냈다.

　가정의 행복을 가로막는 또 하나의 장애가 1930년 불시
에 닥쳐왔다. 젤다가 신경쇠약에 걸린 것이다. 결혼기간 대부
분 건강이 좋지 않았던 그녀는 시설에 수용될 정도로 상태가
악화되었고, 1930년 4월부터 1931년 9월까지 프랑스와 스위
스의 여러 보호시설을 전전했다. 그리고 1932년 2월 두 번째
신경쇠약으로 4개월간 병원신세를 졌고, 1934년 1월에 세 번
째 발병으로 입원했다가 1948년 병원 화재로 세상을 떠날 때
까지 그곳에서 생활했다.

　그들은 이혼하지 않았지만 젤다의 정신병 때문에 결혼의
의미가 달라졌다. 젤다는 스콧이 감당하기 힘든 보살핌이 필
요했기에 그는 아내가 편안하게 병원생활을 하도록 열심히 일
했다.(실제로 대부분의 나중 빚은 젤다의 병원비 때문이었다.)
마침내 스콧은 영화 칼럼니스트인 셸라 그레이엄을 만나 사랑
에 빠졌고, 생의 마지막 몇 년을 함께 보냈다. 그레이엄의 지
원과 격려로 스콧은 진창에 처박힌 이력을 창작의 길로 되돌
려놓을 수 있었다.

주요 작품

스콧은 소설로 알려지긴 했어도 문학적 재능은 훨씬 더 저력이 있었다. 그는 소설 네 편을 썼고, 사망 무렵에 부분적으로 완성되어 있던 다섯 번째 작품은 사후에 출판되었다. 소설가로서의 시작을 알린 성공작 〈낙원의 이쪽〉(1920)은 프린스턴에서의 경험과 관찰을 엮은 자전적 장편이다. 그는 단편소설들을 쓰는 동안에도 메트로폴리탄 매거진에 처음 연재된 책 〈아름답고 저주받은 사람들 *The Beautiful and the Damned*〉(1922)을 완성했다. 피츠제럴드를 가장 널리 세상에 알린 걸작 〈위대한 개츠비 *The Great Gatsby*〉(1925)는 출간 당시에는 그다지 큰 성공을 거두지 못했으나 세월이 흐르면서 피츠제럴드와 번성하던 20년대의 삶과 의미로 받아들여졌다. 〈위대한 개츠비〉가 출판된 후 약 10년 동안 산발적으로 집필한 네 번째 소설 〈밤은 아름다워라 *Tender is the Night*〉는 호평에도 불구하고 많이 팔리지 않았다. 그가 세상을 떠난 1940년에는 할리우드에서의 경험을 바탕으로 〈마지막 타이쿤 *The Last Tycoon*〉(1941)을 절반 정도 마친 상태였는데, 몇몇 비평가들은 완성되었더라면 가장 훌륭한 비평적 성공을 거두었을 것이 확실하다고 말한다.

그 외에도 그는 150편 이상의 단편을 집필했다. 피츠제럴드 가족은 생활비가 많이 들었는데, 필요한 돈의 대부분은 단편소설을 써서 충당했다. 1919년부터 피츠제럴드의 작품은 빈번하게 스마트 세트, 새터데이 이브닝 포스트, 메트로폴리탄, 아메리칸 머큐리, 자유, 스크리브너스 매거진, 에스콰이어 등, 전국 규모의 출판사에서 출간되었다. 그는 일생 동안 〈왈가닥 아가씨들과 철학자들 *Flappers and Philosophers*〉(1920), 〈재즈 시대의 이야기들 *Tales of the Jazz Age*〉(1922), 〈모든 슬픈 젊은이들 *All the Sad Young Men*〉(1926), 그리고 3편의 단편 모음집을 내놓았다.

장편과 단편소설 이외에 피츠제럴드는 세 차례에 걸쳐 할리우드에서 시나리오 작가로서 생활비를 벌기도 했다. 1927년에는 수개월간 예술가 연합회에서 일을 했고, 1931년 가을부터 이듬해 봄까지는 할리우드의 메트로 골드윈 메이어에서 근무했다. 1937년에는 젤다의 세 번째 입원비 때문에 어쩔 수 없이 할리우드로 와서 MGM 스튜디오와 주급 1,000달러에 6개월 계약을 맺었다. 계약은 다음해 주급 1,250달러로 갱신되었으나 1938년 12월에는 안타깝게도 만료되었다. 1936년과 1940년 사이에는 주요 영화사(파라마운트, 유니버설, 20세기 폭스, 골드윈, 콜롬비아)에서 프리랜서로 일하며 마지막 소설을 쓰고 있었다.

1940년, 그가 세상을 떠날 무렵에는 명성도 희미해졌다. 개인적인 삶은 혼돈 상태였고, 문학적 평판도 위태로웠다. 그의 죽음은 안타깝게도 개츠비의 죽음과 닮아 있었다. 한때 재즈 시대의 영웅이었지만 그가 죽자 개인적 시련에만 초점이 맞춰졌다. 그가 쓴 작품들은 절판되었고, 그렇게 잊혀지는 듯 했으나 제2차 세계대전 후에 다시 관심이 살아나기 시작했다. 그리고 1960년대에 이르러 쓰레기통 속에서 나와 위대한 20세기 미국 작가들의 반열에 오른 그의 명성은 오늘날까지도 이어지고 있다. 젤다와 함께했던 생활은 20년대 초기의 풍요와 미국의 풍경 일부를 대표했다. 그의 작품은 여전히 진행형인 야망, 정의, 공평성, 아메리칸 드림이란 주제를 탐구하는 귀중한 목소리를 내고 있으며, 이로 인해 미 문학작품의 진수에 응당 좋은 자리를 얻게 된 것이다.

작품의 개요

줄거리

등장인물

등장인물 관계도

작품의 개요

〈위대한 개츠비〉는 당시를 대표하는 미국 소설 가운데 한 편으로 꼽히면서 미국 사회가 지닌 승리와 비극의 단면을 뛰어난 방식으로 포착했다는 평을 받고 있다. 상징적이고 시적인 산문으로 유명한 피츠제럴드는 이 작품에서 자신이 속한 사회를 향해 거울을 비추고 있다. 이 작품은 80년 이상이 지난 오늘날에는 미 소설의 고전으로 여겨지고 있지만 당시에는 그다지 큰 성공을 거두지 못했다. 그러나 〈위대한 개츠비〉는 1925년에 재즈 시대로 알려진 격정적인 전후 사회의 스냅 사진 역할을 했고, 특히 오늘날 독자들에게는 20년대의 삶을 관찰하는 창구를 마련해 준다. 이 작품에 나타난 피츠제럴드의 매력이라면 사실 미 역사상 정치·사회적으로 중대하고 혼란한 시기의 세태를 담아낸 능력이다.

피츠제럴드의 천재성을 완벽하게 이해하려면 이야기에 깔린 정치 상황을 알아야 한다. 소설에서 시대적 배경을 떼어내는 것은 중대한 오류다. 이 소설은 1920년대 초중기의 삶을 탐험한다. 정치적으로 말하면 이때는 성장과 번영의 시대이자 부패의 시기였다. 제1차 세계대전은 유례가 없던 대규모 전쟁으로 1919년에 끝났다. 1920년 대통령으로 취임한 워렌 G. 하딩의 목표 가운데 하나는 나라를 정상 궤도에 다시 올려놓는 것이었다. 그러나 노조와 조직범죄의 반대에 부딪히고 추문과 부패로 얼룩진 하딩 행정부가 감당하기에는 벅찬 일이었다.

　제1차 세계대전이 끝난 후 하딩 행정부는 나라를 재건하는 수단으로 산업을 겨냥했다. 그 결과 파업 노동자들을 힘들게 만들고, 최저임금, 노조, 아동 노동 등에 대한 노동쟁의 문제에서는 경영진 편을 들게 되는 경우가 생겼다. 게다가 하딩과 계승자 캘빈 쿨리지는 특히 부유층에게 더 많은 혜택을 주는 세금법안을 제정했고, 정책 방향 때문에 농업, 직물, 특정 광산 등의 산업이 커다란 고통을 겪었다. 그러자 많은 사람들이 먹고살기 위해 도시지역으로 이동해 오면서 도시가 성장했으나 그들 가운데 상당수가 〈위대한 개츠비〉의 재의 골짜기에 나오는 사람들과 다르지 않은 신세로 전락한다. 더 나은 삶을 찾지만 결국 이루지 못하고 이런저런 연옥에 갇히고 마는 것.

　1920년대에는 적어도 상류층 인사들은 엄청난 금전적 소득을 올렸다. 1922년과 1929년 사이에 주식 배당은 108퍼센트까지 올랐으며, 기업 이익은 76퍼센트나 증가했고, 개인 임금은 33퍼센트 성장했다. 닉 캐러웨이가 주식 사업에서 한몫 잡기 위해 동부로 간 것은 꽤 타당한 설정이다. 기술 향상으로 전반적인 생산비가 감소된 반면, 생산성은 증가했고 경제는 성장했으나 1929년 주식시장이 붕괴하면서 미국은 최대의 불황에 빠졌다. 물론 피츠제럴드는 이 같은 추락을 예견하지 못했을 테지만, 〈위대한 개츠비〉에서 사회가 너무 무절제하게 흘러 욕구를 억제하지 않으면 파멸이 멀지 않았다는 점은 암시하고 있다.

1920년대의 상업적 성장은 〈위대한 개츠비〉에서 연대순으로 기록한 것처럼 물질주의가 날뛰는 결과를 불러왔다. 더 많은 돈을 갖게 된 사람들은 더 많이 사들이기 시작했다. 그러자 기업의 수익이 증가했고, 더 많은 상품이 제조되고, 사람들은 더 많은 돈을 벌게 되면서 경제 성장이 지속될 수 있었다. 사람들은 소비재 — 자동차, 라디오, 전화, 냉장고 — 에 전례가 없을 정도로 돈을 썼고, 유흥과 레저 활동에도 시간과 돈을 들이기 시작했다. 프로 스포츠가 인기리에 성장하기 시작했으며, 영화와 타블로이드 신문이 발판을 얻으면서 누구나 어떤 식으로든 재즈 시대의 성장하는 물질주의에 한몫 낄 수 있게 되었다.

경제 이외에 피츠제럴드는 다른 국가적 문제들도 건드린다. 예를 들면, 1장에서 톰은 외부에서 온 사람들에게 강한 반감을 드러낸다. 나중에 닉을 포함한 다른 인물들은 웨스트에 그 지역에 사는 이민자들에 대해 부정적으로 언급한다. 오늘날 독자들에게 그런 의견이나 암시는 이해하기 힘들지 모르겠지만 당시에는 그렇지 않았다. 미국 이민은 19세기 말과 20세기 초에 절정에 달했다. 전쟁이 일어난 해에는 이민이 줄어들긴 했어도 1921년 6월에 다시 전쟁 전 수준으로 회복되자 (1920년 6월과 1921년 6월 사이에 80만 명), 미국민들의 일자리를 빼앗아간다고 생각한 노동자 조직은 이민자들에 반대하는 로비활동을 시작했다. 업계 지도자들과 다양한 특정 이

해집단들 역시 반미를 부르짖는 정치적 광신 행위가 발생할 가능성이 있다며 이민자들의 유입을 걱정하기 시작했다. 이에 따라 의회는 특정한 해(1924년, 1925년, 1927년에 164,000명, 7월 1일 이후에 150,000명)에 이민자의 수를 제한하는 법안과 법률을 통과시켰으나 그 인원할당은 특히 남부와 동부 유럽, 아시아 출신들에 대해 지극히 차별적이었다. 독자들은 피츠제럴드가 만들어낸 인물들이 암시하는 바가 마음에 들지 않을지 모르겠지만 그 뒤에는 이처럼 분명 역사적인 바탕이 자리하고 있다.

〈위대한 개츠비〉의 또 다른 역사적 측면은 헌법 수정조항 제18조 금주법에 초점을 두고 있다는 점이다. 1919년에 제정(1933년 폐지)된 이 조항은 모든 술의 제조·판매·운송을 불법화했다. 수백만 미국인들은 이 조항이 (그들의 눈에) 음주와 손을 잡고 나란히 모든 악덕과 타락으로 빠져들고 있는 미국의 풍조에 재갈을 물리는 도덕적 진보라며 환영했다. 수많은 사람들이 금주법을 지지했지만, 수많은 사람들은 또 법을 어기고 밀주를 마셨다. 그리고 밀주 사업이 돈이 되자 자연스럽게 수요를 맞추기 위해 조직범죄가 개입했다. 금주법이 시행되던 시기에 술의 제조·유통은 엄청난 사업이었으며, 피츠제럴드의 소설에 나오는 메이어 울프심과 개츠비 등 졸부들의 재산 불리기에 일조했다. 또한 금주법을 이해하면 피츠제럴드가 왜 소설 속에서 음주를 강조하는지도 어느 정도 설명이 된다.

〈위대한 개츠비〉의 저변에는 사회문제도 깔려 있다. 여러 면에서 등장인물들은 미국의 보다 젊은 집단에서 발견할 수 있는 것을 아주 정직하게 대표한다. 많은 남자들이 제1차 세계대전에 참전했고, 변한 모습으로 귀향했다. 이들은 고향에서 기다리고 있는 이상과 태도가 전형적인 구식 사고임을 알고 반기를 들었다. 여자들 역시 전후(戰後) 미국이 여자들의 취향을 너무 옥죄고 있다는 것을 깨달았다. 남자들이 전쟁에 나가고 없을 때 노동현장에 투입되었던 많은 여성들은 남자들이 귀향하자 어쩔 수 없이 고용의 부산물─사회·경제적 자유─을 포기해야 했다. 게다가 1920년에 제정된 헌법 수정조항 제19조는 여자들에게 투표권을 주어 여성들의 독립을 더욱 절실하게 만들었다. 당시의 젊은 남녀들(피츠제럴드 포함)은 그러한 신분 유지에 만족하지 않고 공공연히 전력을 기울여 반항했다.

사회적으로 1920년대는 특히 여성들에게는 큰 변혁의 시대였다. 해방의 상징으로 전통적인 여성다움의 커다란 지표 중 하나였던 머리를 짧게 잘랐고, 좀더 강한 인상을 주기 위해 엉덩이, 허리, 가슴을 강조한 코르셋을 벗어던지기 시작했으며, 공공연히 흡연과 음주를 하는가 하면 성에 대해서도 이전의 엄격한 태도를 누그러뜨렸던 것이다. 피츠제럴드는 특히 동년배의 사회적 반항을 포착해서 사회가 씌워놓은 틀을 부수고 나오는 모든 계층의 여성들을 보여주고 있다. 예를 들어, 머틀은 사회의 사다리를 오르려고 온갖 대가를 치르면서 노력한다. 데이지는 자기가 자라온 엄격한 사회로부터 도망치려 하지만 완전히 벗어나지 못하자 자기가 아는 유일한 것으로 후퇴한다. 프로 골퍼인 조던 베이커도 해방된 여성이다. 프로 골퍼는 1920년대의 사회 · 경제적 발전으로 인해 가능해진 직업이다.

피츠제럴드의 소설이 뛰어나다는 것은 부분적으로 자신도 속해 있던 사회를 분석해낸 방식 때문이다. 그는 등장인물들을 통해 1920년대 중상류층 미국인들의 생활단상을 포착하고 있을 뿐 아니라 일련의 비평들도 잘 전달하고 있다. 성격묘사를 통해서는 사회의 대격변과 불확실성을 특징으로 하는 세계, 역사적 토대가 아주 얕은 세계에서 반영되는 인간의 조건을 탐험하고, 사회집단과 그 사회집단이 어떻게 상호작용하거나 상호작용하지 않는지 강조함으로써 긴박감을 구축한다. 〈위대한 개츠비〉에서 명백히 드러난 재즈 시대의 사회는 사실상 톰과 데이지, 조던 같은 사람들이 사다리의 꼭대기에 있으면서 다른 사람은 누구도 자기들만큼 높이 오르지 못하도록 하려고 열심히 작업하기 때문에 아주 위험한 길을 가고 있다. 개츠비를 통해서는 재즈 시대의 사업가를 보여준다. 열심히 일하고 사회의 요구에 귀 기울이고 반응하면서 이익을 얻는 사람. 성공했지만 불행히도 그(그리고 그가 대표하는 모든 사람들)는 결코 피해 달아나는 꿈을 붙잡을 수가 없다. 비록 허구임에도 이렇게 현실을 제대로 알려주는 피츠제럴드의 작품은 20세기 초 미국 소설의 가장 귀중한 작품 가운데 하나가 되었다.

줄거리

〈위대한 개츠비〉는 한때 개츠비의 이웃이었던 닉 캐러웨이가 들려주는 이야기다. 닉은 이 책의 주요 내용이 될 사건이 발생한 1922년이 지난 후에 이야기를 전한다. 주식 중개인으로 돈을 벌기 위해 중부에서 롱아일랜드의 웨스트에그로 이사 온 닉은 얼마 지나지 않아 사촌 데이지 뷰캐넌과 대학 시절 만난 적이 있는 체구가 크고 당당한 그녀의 남편 톰을 찾아가기 위해 해협을 횡단해 상류층이 사는 이스트에그로 간다. 그는 그곳에서 프로 골퍼인 조던 베이커를 만난다. 뷰캐넌 가족과 조던 베이커는 소박하고 현실적인 닉의 생활방식과는 현격하게 대비되는 특권을 누리며 살고 있다. 그날 저녁 집으로 돌아온 닉은 신비롭게 어둠 속에 서서 바다를 향해 팔을 뻗고 있는 이웃 개츠비와 해협 건너편에 있는 고독한 초록 불빛을 보게 된다.

어느 날 닉은 뻔뻔한 불륜남이기도 한 톰으로부터 동행 요청을 받고 그의 정부 머틀 윌슨을 만나게 된다. 머틀은 도시와 교외의 변화를 보여주는 몹시 황량하고 쇠락한 읍 지대인 재의 골짜기에서 남편이 허름한 정비소와 주유소를 운영하는 중하류층 여성이다. 일행이 도시로 들어가자 머틀은 전화로 친구들을 불러 함께 톰의 아파트에서 술을 마시며 오후를 보낸다. 톰과 머틀이 톰의 부인 데이지를 놓고 싸우는 것으로 그날 하루가 불길하게 끝난다. 화가 난 톰은 머틀을 때려 코를 부러뜨린다.

이후 닉은 관심을 신비로운 이웃에게 돌린다. 그는 매주 부유층과 상류층 인사들을 위해 파티를 연다. 개츠비의 초대(개츠비의 파티에 초대받은 사람이 거의 없다는 사실은 주목할 만하다. 그들은 거절당하지 않을 것을 알고 그냥 찾아간다.)를 받아 호화스러운 모임에 참석한 닉은 조던 베이커와 마주치게 되고, 개츠비와도 만난다. 개츠비는 품위 있는 주인이지만 참여자라기보다는 관찰자로 뭔가를 찾고 있는 듯 손님들과는 떨어져 있다. 파티가 진행되면서 개츠비는 조던을 한쪽으로 데리고 가서 사적인 이야기를 나눈다. 독자는 그들의 대화를 듣지 못하지만 조던은 들은 사실을 굉장히 흥미로워한다.

여름이 시작되면서 개츠비와 닉은 친구가 되고, 닉은 조던이 아주 부정직하다('극소수의 정직한 사람에 속하는' 닉은 마음이 상한다.)고 확신하면서도 정기적으로 만나기 시작한다. 어느 날 개츠비와 함께 도시에 갔던 닉은 메이어 울프심을 만난다. 그는 개츠비의 동료이며 조직범죄와의 연결고리다. 같은 날, 닉은 조던 베이커와 차를 마시다가 파티가 있던 날 밤 개츠비가 그녀에게 들려준 흥미로운 내용을 알게 된다. 개츠비는 데이지 뷰캐넌을 사랑하고 있는 것 같다. 데이지와 개츠비는 개츠비가 군생활을 하던 몇 해 전에 만났지만 데이지를 부양할 방법이 없었기 때문에 결혼하지 못했다. 그동안 그는 데이지를 다시 찾으려는 일념으로 돈을 벌었다. 그리고 데이지의 집과 해협을 사이에 두고 있는 저택을 샀고, 데이지의 눈길을 끌기 위해 정성 들여 파티를 열었다. 이제 데이지와 대면할 때가 되었다고 생각한 개츠비는 조던 베이커를 통해 닉에게 그의 집으로 데이지를 초대해 주면 자기가 예고 없이 나타나겠다는 의중을 밝힌다.

만날 날이 되자 닉의 집은 대책 없이 낭만적인 개츠비 덕택에 완벽한 준비를 갖춘다. 개츠비는 잃었던 사랑과의 재결합을 위해 세세한 데까지 빈틈없이 신경을 썼다. 그들이 재회하자 살짝 긴장감이 돈다. 그러나 이내 서로에게 편안해진 두 사람이 발산하는 온기로 닉은 이방인이 된 듯한 느낌이 든다. 오후가 되면서 세 사람은 개츠비의 집으로 옮겨간다. 개츠비는 지난 가난으로부터 얼마나 멀리 벗어났는지를 아주 구체적으로 보여주기라도 하듯 남성스럽게 꾸며진 집과 인상적으로 배열된 소장품들을 데이지에게 보여주면서 특별한 기쁨을 누린다.

닉은 다시 제이 개츠비의 사연과 관련한 기억 속으로 빠져든다. '주변머리 없고 무능한 농부'의 아들 제임스 개츠로 태어난 개츠비는 댄 코디를 만났을 무렵인 열일곱 살에 이름을 바꿨다. 코디는 '모호한 자격'으로 개츠비를 고용해 그의 조언자가 되어 5년 동안 대륙을 세 차례 돌았다. 코디가 죽을 무렵 성인이 된 개츠비는 어떤 사람이 될지를 정했다. 다시는 보잘것없는 과거를 인정하지 않았으며, 그 시점부터는 죽 꾸며댄 가계사(家系史)로 무장한 사업가 제이 개츠비가 되었다.

다시 현재. 데이지와 톰이 개츠비의 파티에 참석한다. 물론, 톰은 여자들을 따라다니고, 데이지와 개츠비는 연애 사건의 공범자인 닉이 망을 보는 동안 잠시 사람들의 눈을 피해 닉의 마당으로 살짝 빠져나간다. 뷰캐넌 부부가 떠난 후 개츠비는 닉에게 과거를 되찾고 싶다고 밝힌다. 과거를 온전히 되찾을 수 있다고 확신하는 몽상가 개츠비는 데이지와의 지난 관계를 계속 들려준다.

여름이 되자 관계가 무르익으면서 개츠비와 데이지는 규칙적으로 만난다. 가장 뜨겁고 견디기 힘든 여름, 어느 운명적인 날에 개츠비와 닉은 뷰캐넌 부부, 조던 베이커와 함께 점심을 먹기 위해 이스트에그로 간다. 열기 때문에 답답해진 데이지가 시내로 가서 기분전환을 하자고 제안한다. 데이지가 개츠비에 대한 사랑을 더 이상 숨기지 않고 특별한 관심을 기울이자 톰은 재빨리 상황을 알아차린다. 일행은 도시로 떠날 준비를 하고, 톰은 위스키 한 병을 가져온다. 톰과 닉, 조던이 개츠비의 차를 타고, 개츠비와 데이지는 톰의 쿠페(2인승 자동차)를 탄다. 연료가 떨어져가자 월슨의 주유소에 차를 세운 톰은 월슨의 상태가 좋지 않다는 것을 감지한다. 데이지가 바람난 사실을 막 알게 된 톰처럼 월슨도 아내 머틀의 감춰진 생활—상대는 모르지만—을 알아차리고 병이 났던 것. 월슨이 머틀을 데리고 서부로 갈 계획이라고 하자 톰은 낙담한다. 한 시간 사이에 아내와 정부를 모두 잃은 것이다. 두려움에 휩싸인 톰은 서둘러 차를 몰고 도시로 간다.

일행은 플라자호텔에서 만난다. 더욱더 비극적인 종말로 치닫는 가운데 그들은 계속 술을 마신다. 언제나 성미가 급한 톰은 데이지와 어쩔 작정이냐며 개츠비를 괴롭히기 시작한다. 분별없고 반항적인 톰은 개츠비에게 계속 보챈다. 개츠비는 데이지가 결코 톰을 사랑한 적이 없다고 시인해 주길 바라지만, 대신 데이지는 항상 개츠비를 사랑했다고 말한다. 개츠비는 데이지가 톰 곁을 떠날 것이라고 단언한다. 그러나 개츠비보다 데이지를 더 잘 꿰뚫고 있는 톰은 데이지가 자신을 떠나지 않을 것을 알고 있다. 누대에 걸쳐 특권으로 무르익은 톰의 부와 힘은 개츠비의 새로운 부를 이길 것이다. 권위 있는 몸짓으로 톰은 데이지와 개츠비에게 개츠비의 차를 타고 집으로 가라고 명령한다. 톰과 닉, 조던이 뒤를 따라간다.

월슨의 정비소가 가까워지면서 사고 장면을 보고 무슨 일인지 알아보기 위해 차를 길옆에 세운 그들은 멈추려고도 하지 않고 지나간 차에 머틀 월슨이 치어 죽었다는 사실을 알게 된다. 그런데 이런저런 정황을 보면 사고 차량은 개츠비의 것으로 보인다. 톰과 조던, 닉은 이스트의 집을 향해 달려간다. 친한 사람들의 행동과 죽음을 피할 수 없다는 것에 염증을 느낀 닉은 뷰캐넌의 집 밖에서 걱정하고 있던 개츠비를 만난다. 개츠비는 자신이 모든 책임을 지겠다고 고백하지만 닉은 몇 가지 질문으로 데이지가 차를 몰았다는 사실을 알게 된다. 그날 하루 동안 경험한 일에 크게 동요한 닉은 집으로 돌아가서도 넓게 드리워진 두려움을 떨치지 못한다.

다음날 아침 새벽이 다 되어 닉은 개츠비의 집으로 간다. 두 남자가 담배를 찾느라 집을 홀랑 뒤집어놓는 동안 개츠비는 어떻게 지금의 자신이 되었고, 데이지가 그의 인생에 어떻게 등장했는지 들려준다. 그날 아침 이후, 닉은 직장에 있으면서도 집중을 할 수가 없다. 조던 베이커의 전화도 서둘러 끝낸다. 닉은 이른 기차를 타고 집으로 돌아가 개츠비를 살펴볼 계획이다.

아내의 죽음에 괴로워하던 윌슨은 몰래 빠져나와 머틀을 죽인 운전자를 찾으러 다닌다. 닉은 윌슨의 행로를 되밟아 오후 이른 시간에 개츠비의 집에 있던 윌슨을 떠올린다. 그는 개츠비를 살해하고 나서 총구를 자신에게 돌린다.

개츠비가 죽은 후 닉이 장례를 주도하게 된다. 그러나 아무도 개츠비의 죽음에 관심을 갖지 않는다는 사실이 무엇보다 당혹스럽다. 데이지와 톰은 여행을 떠나고, 그렇게 열심히 파티에 참석해서 술을 마시고 음식을 먹어댔던 사람들도 끼어들려고 하지 않는다. 심지어 개츠비의 동업자인 울프심조차 친구의 죽음을 공개적으로 애도하려 하지 않는다. 개츠비의 아버지 헨리 G. 개츠의 전보는 아들을 매장하기 위해 미네소타에서 오겠다는 내용이다. 개츠비의 장례식에는 닉과 헨리 개츠, 몇 명의 하인들, 우체부, 묘지측 목사만 참석한다. 생전의 인기에도 불구하고 개츠비는 죽음과 함께 완전히 잊혀졌다.

동부에서 경험한 것에 환멸을 느낀 닉은 중서부로 돌아갈 준비를 한다. 떠나기 전에 길에서 우연히 톰 뷰캐넌을 만난다. 닉을 알아본 톰이 악수를 하려고 하지 않는 이유를 묻자 닉이 무뚝뚝하게 대답한다. "내가 자네를 어떻게 생각하는지 이미 알고 있지 않나?" 그들의 대화를 통해 톰이 개츠비의 죽음을 유도했음이 드러난다. 윌슨이 톰의 집에 왔을 때 머틀을 죽인 차의 소유자가 개츠비라고 말했던 것. 톰은 심판을 도왔던 것뿐이라고 생각한다. 톰과 데이지 같은 부류의 사람들이 지닌 부주의와 잔인성에 혐오감을 느낀 닉은 자신의 정직성에 긍지를 갖고 톰과 헤어진다.

떠나기 전 마지막 날 밤에 닉은 개츠비의 저택과 한때 개츠비가 초록색 불빛을 향해 팔을 뻗고 서 있었던 물가로 간다. 소설은 우리 모두가 얼마간은 개츠비를 닮았다는 점을 지적하면서 예언적으로 끝을 맺는다. 앞으로 나아가지만 계속해서 과거가 끌어당기는 것을 느끼며 강을 거스르는 배처럼.

등장인물

제이 개츠비 *Jay Gatsby* 　주인공. 중서부 출신이지만 동부 출신으로 변신한 신흥 갑부. 5년 전 잃었던 연인 데이지 뷰캐넌과 재결합하려는 한 가지 욕망에 모든 것을 건다. 아메리칸 드림을 추구해 부자가 되었고, 연인의 품으로 돌아갔으나 죽음을 맞는다.

닉 캐러웨이 *Nick Carraway* 　소설의 화자. 웨스트에그에 있는 개츠비의 저택 옆에 위치한 작은 집을 임대해 살게 되면서 개츠비가 데이지(닉의 사촌뻘)와 재결합하는 것을 돕는다. 그는 중서부적 감수성을 통해 동부가 들떠 있는 곳이란 사실을 알게 되고, 뷰캐넌 일가 같은 부자들이 삶을 영위하는 방식에 환멸을 느낀다.

데이지 뷰캐넌 *Daisy Buchanan* 　아름답고 매혹적이며 사교에 능란하다. 루이빌에서 특권을 누리며 성장했기 때문에 특별한 생활 방식에 젖어 있고, 남편 톰은 그 같은 생활을 충족시켜준다. 남자들, 특히 개츠비를 투명한 천성과 관능적 목소리로 사로잡는다. 선하든 악하든 개츠비의 욕망의 대상이며, 엘리트 계층 여성의 전형.

톰 뷰캐넌 *Tom Buchanan* 　몸집이 크고 잔인한 데이지의 남편. 유서 깊고 부유한 시카고 가문 태생으로, 자신의 거친 태도에 자긍심을 갖고 있으며 난폭하고 솔직한(심지어 인종차별적인) 행동으로 관심을 모은다. 이스트에그에서 폴로를 치거나 승마를 하고 자동차를 빠르게 몰고 다니는 등 사치스러운 생활을 한다. 바람피우는 것을 자랑스러워하며,

결혼 이후에도 여러 번 외도 경험이 있다. 머틀 윌슨은 그냥 스쳐가는 여자에 불과할 뿐이다.

파미 뷰캐넌 *Pammy Buchanan*　아장아장 걸어 다니는 톰과 데이지 뷰캐넌의 딸. 파미를 위해 작은 저택이 지어졌으며, 재즈 시대 사람들의 자녀를 대표한다. 부모와는 별로 접촉이 없고, 독자는 항상 파미의 존재를 막연하게 인식한다.

조던 베이커 *Jordan Baker*　정직성이 의심스러운 프로 골퍼. 데이지의 친구로서 데이지처럼 특권 계층의 여자들을 대표한다. 가는 곳마다 남자들이 좋아하는 젊고 부유한 독신 여성이다. 우연히 닉과 데이트를 하게 되지만 자신의 매력에 빠지지 않는 첫 남자여서 기분이 상한 것 같다. 약기는 해도 살아가는 방식은 다소 천박하다.

머틀 윌슨 *Myrtle Wilson*　톰 뷰캐넌의 유부녀 연인. 하류 계급의 대표자로 톰과의 불륜을 통해 엘리트 세계로 진입하면서 성격이 눈에 띄게 바뀐다. 톰과 밀회를 나누며 온갖 힘과 우월감을 과시하다가 톰의 아내에게 비극적인 종말을 맞는다.

조지 윌슨 *George Wilson*　머틀의 소박한 남편. 재의 골짜기에서 정비소와 주유소를 운영한다. 자신의 신분에 걸려 옴짝달싹 못하고 있는 것 같다. 마침내 아내의 이중생활을 알게 되면서 결국에는 아내를 죽게 만드는 결과를 초래한다. 덫에 걸린 듯 보이는 중하류 계급에서 두드러진 절망을 나타내는 인물.

캐서린 *Catherine*　언니의 비밀스러운 생활을 알고 있는 머틀의 여동생. 기꺼이 그 이익을 같이한다.

메이어 울프심 *Meyer Wolfsheim* 개츠비의 사업 동료이자 조직범죄와의 연결 고리. 전문 도박사로, 1919년 월드 시리즈 조작에 관련된 인물이다. 수단이 의심스럽지만 개츠비가 재산을 모으는 데 일조했다.

미카엘리스 *Michaelis* 머틀이 죽은 후 윌슨을 위로하는 이웃으로, 커피점 주인. 소설에 나오는 몇 안 되는 자비로운 사람 중 하나.

어윙 클립스프링거 *Ewing Klipspringer* 개츠비의 '하숙생'으로 알려진 전형적인 거머리로, 개츠비 파티에 뻔질나게 드나들던 인사들의 대표.

댄 코디 *Dan Cody* 제이 개츠비의 세상살이 조언자. 개츠비가 젊었을 때 곁에 두고서 삶을 모험적으로 사는 것과 꿈을 추구하는 것에 대해 많은 것을 가르친 인물.

헨리 C. 개츠 *Henry C. Gatz* 제이 개츠비의 아버지. 아들의 장례식에 참석하기 위해 중서부에서 온다. 개츠비의 초라한 운명과 뿌리를 아주 구체적으로 상기시켜주는 인물.

등장인물 관계도

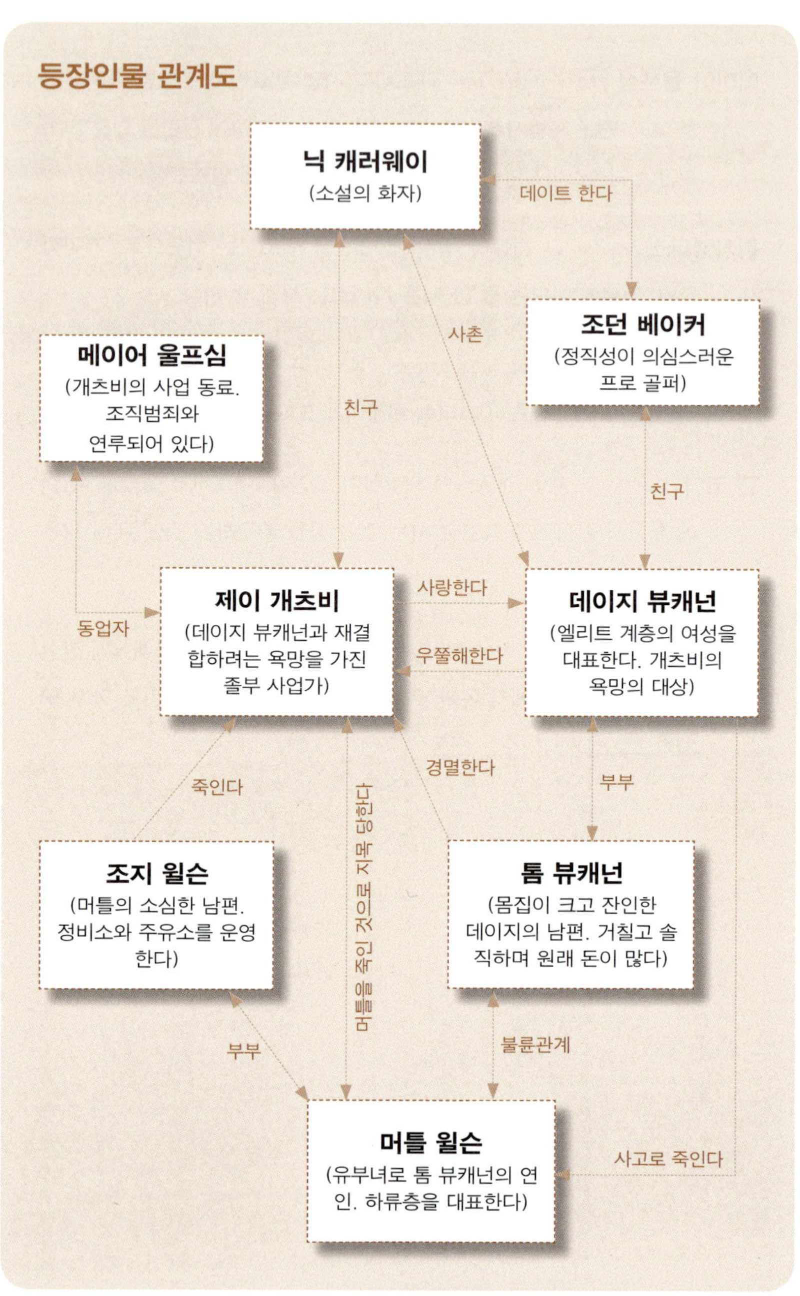

닉 캐러웨이
(소설의 화자)
데이트 한다
조던 베이커
(정직성이 의심스러운 프로 골퍼)
메이어 울프심
(개츠비의 사업 동료. 조직범죄와 연루되어 있다)
사촌
친구
친구
제이 개츠비
(데이지 뷰캐넌과 재결합하려는 욕망을 가진 졸부 사업가)
사랑한다
우쭐해한다
데이지 뷰캐넌
(엘리트 계층의 여성을 대표한다. 개츠비의 욕망의 대상)
동업자
죽인다
경멸한다
머틀을 죽인 것으로 지목 당한다
부부
조지 윌슨
(머틀의 소심한 남편. 정비소와 주유소를 운영한다)
톰 뷰캐넌
(몸집이 크고 잔인한 데이지의 남편. 거칠고 솔직하며 원래 돈이 많다)
부부
불륜관계
사고로 죽인다
머틀 윌슨
(유부녀로 톰 뷰캐넌의 연인. 하류층을 대표한다)

Chapter 1 신비에 싸인 이웃

Chapter 2 톰의 밀애

Chapter 3 닉, 개츠비를 만나다

Chapter 4 개츠비의 고백

Chapter 5 재회

Chapter 6 드디어 파티에 데이지가

Chapter 7 개츠비의 사랑과 데이지의 게임

Chapter 8 개츠비의 죽음

Chapter 9 쓸쓸한 장례식

Chapter 1

 신비에 싸인 이웃

〈위대한 개츠비〉는 소설의 화자 닉 캐러웨이가 자신의 성장과정과 가족이 가르쳐준 교훈을 기억하는 것으로 시작한다. 독자들은 닉의 과거와 교육, 도덕적 정의감에 대해 알게 된다. 사건이 있은 지 1년 이상이 지나서야 본격적인 이야기가 시작되기 때문에 닉은 기억을 여과시켜 말한다. 닉은 다재다능하고 참전 군인으로서 경험했던 흥분과 모험을 되찾고자 중서부에서 롱아일랜드의 웨스트에그로 이사를 온다. 닉은 주식 중개인으로 삶을 시작하기 위해 어느 저택 옆에 있는 작은 집을 임대하는데, 그 저택은 개츠비 소유로 밝혀진다.

닉의 사촌 데이지 뷰캐넌과 데이지의 남편 톰은 이스트에그의 상류층 지역사회가 있는 해협 건너편에 거주한다. 닉은 데이지를 찾아간다. 데이지는 사교계 명사로 빛을 발하는 허영심 많은 여자이고, 톰은 잔인하고 덩치가 크며 여러 대째 내려오는 특권으로 오만해진 사내다. 닉은 그곳에서 프로 골퍼이자 데이지의 어릴 적 친구인 조던 베이커를 만난다. 네 사람은 뷰캐넌 부부의 집에서 하는 일 없이 지내다 그날의 가장 무거운 주제라고 할 만한 동부 생활의 장점과 1년 중 가장 긴 날 무엇을 할 것인지, 보수적인 정치와 그 밖의 얄팍한 화제들을 놓고 이야기한다. 톰이 전화를 받을 때 조던은 닉에게 그가 정부(情婦)와 통화하는 것이라고 말해 준다. 간통으로 유명한 톰은 외도를 덮기 위해 꾸며대지 않는다. 톰과

데이지가 닉과 조던을 엮어주려 하면서 닉에게 고향 여자와의 약혼 소문에 대해 묻는다. 닉은 결혼하려 한 적이 없으며, 그것은 소문에 불과하다고 확인시켜준다.

　　그날 저녁 집으로 돌아와 밖에 앉아 있던 닉은 개츠비의 저택에서 누군가 나타나는 것을 보고 부르려고 하다가 불현듯 그가 혼자 있기를 좋아하는 것 같아 그만둔다. 물가에 서 있던 개츠비는 떨면서 어둠을 향해 팔을 뻗는다. 분간할 수 있는 것이라고는 초록색 불빛밖에 없었기 때문에 닉에게는 그 몸짓이 이상해 보인다. 해협을 가로질러 선창 끝에서 볼 수

있는 그런 불빛이기 때문이다. 다시 개츠비 쪽을 돌아본 닉은 그가 사라

진 것을 알게 된다.

피츠제럴드는 화자 닉 캐러웨이를 소개하면서 이야기를
시작한다. 닉 자신이 인정하고 있듯 몹시 지치고 실망한 상태
로 지난 가을 동부에서 돌아왔다. 독자는 이미 이야기가 시작
되었으며, 닉이 시간적으로 걸러서 우리에게 들려줄 것임을
곧 알게 된다. 닉은 그 사건들과 거리를 두고 기억에 의존해
사건을 하나하나 열거할 것이다. 시간이 기억을 왜곡시킬 수
있고 그의 공정성과 판단에 따라 이야기에 대한 이해 방향이
정해지더라도 독자는 그를 믿을 수밖에 없다.

인물 탐색 화자에 대한 믿음을 굳히려는 수단으로 피츠제럴드는
조심스럽게 닉의 이야기를 전개하고 극 상황의 안팎으
로 닉을 배치해 활기차고 강렬한 효과를 만들어낸다. 시작부터,
'책의 제목이 된 사람' 개츠비보다 먼저 닉에 대해 자세히 알
려주는 것이다. '젊고 상처 입기 쉬운 나이인' 닉은 아버지의
충고를 잊지 않고 있다. "누군가를 비난하고 싶거든… 이 세
상 사람들이 모두 너와 같은 장점을 가지고 있지는 않다는 것
만 기억해라." 그 암시는 강력하다.(닉은 도덕적 정의감을 귀
하게 여기는 중류층 가문 출신이다.) 이런 면에서 독자는 닉
을 신뢰하고 그의 공정성과 훌륭한 판단을 믿게 되는 분위기

가 조장된다. 그러나 피츠제럴드는 독자들이 닉의 선량함이 초인적이라고 생각하지 않도록 하기 위해 그에게 인간적인 면을 부여한다. 사람들에 대한 닉의 판단 유보는 신중하게 계산된 것이고, 이성적인 화자조차 도를 지나칠 수 있다는 것을 보여준다. 닉의 관용에는 한계가 있고, 이런 한계에 대한 도전이 곧 이 작품의 기저를 형성하고 있다.

1장이 진행되면서 닉의 성장 배경과 도덕적 성격 등이 다루어진다. 닉은 예일 대학교 본교인 뉴헤이번을 졸업한 교육을 받을 만큼 받은 사람이라며 계속 자기선전을 한다. 그는 '3대가 중서부 도시에서 살아온 명망 있고 유복한 가계(家系)' 출신이다. 언뜻 단순해 보이는 이 지엽적인 사항은 매우 중요하다. 닉이 펼쳐나갈 일부 행위—명사 이야기, 돈, 특권—에 대한 자격을 주는 한편, 그를 조심스럽게 격리시켜 놓기도 하기 때문이다. 중서부는 피츠제럴드에게 도덕성이 보이는 땅이다. 닉은 동부로 왔다가 혐오감을 느끼고 중서부로 돌아간다. 독자는 닉이 앞으로 들려줄 사건에 대해 화가 나 있을 뿐 아니라 도덕적으로도 깊이 유감스럽게 생각해서 감정이 아주 상해 있다는 것을 안다. 자신의 도덕적 용기를 믿고 싶어하는 독자들은 닉의 편에 서서 그가 자신처럼 건전한 판단을 내릴 것이라고 믿는다.

 소설이 시작되는 때는 1922년이며, 닉은 한창 급성장하면서 호황을 누리는 사업에 '한 사람 정도는 더 끼어

들 수 있으리라 생각해' 주식 중개인으로 돈을 벌기 위해 동부로 왔다. 피츠제럴드는 닉이 동부에 도착하자마자 중요한 주제 가운데 하나인 부(富)를 소개한다. 닉은 이스트에그가 아닌 웨스트에그의 개츠비 저택에 인접한 작은 임대주택에서 살게 된다. 주변의 괜찮은 집들을 임대하기 위해 월 3, 4천 달러의 집세를 내느니 월세 80달러짜리에서 살기로 한 것. 이런 소소한 부분은 곧바로 독자들에게 가진 자와 갖지 못한 자들의 차이를 알려준다. 두 에그 지역 모두에 아름다운 저택들이 있지만 이스트에그는 누대에 걸쳐 엄청난 부를 축적한 '세습 재산가들'의 주택단지다. 웨스트에그 또한 부자들의 저택이 모여 있지만 닉처럼 근로 계층뿐 아니라 최근에 부를 거머쥔 '졸부'들이 거주하는 지역이다. 아울러 에그 간의 묘사는 미 동·서부 지역 사람들의 감성을 은유적으로 나타내는 것일 수도 있다.

소설의 첫 사건이자 1장 대부분을 차지하는 내용은 닉이 이스트에그에 있는 한 저택으로 사촌 데이지 뷰캐넌과 데이지의 남편 톰을 찾아간 일이다. 작가는 그 방문을 통해 주요 등장인물들을 소개하고 여러 방식으로 전개될 수많은 주제들을 보여준다. 데이지와 톰은 닉의 이미지와는 정반대다. 닉은 비교적 근면(정해진 일을 하며 고향집에서 살지 않고 돈을 벌기 위해 혼자 동부로 왔다.)하지만, 뷰캐넌 부부는 온갖 사치를 누리며 생활한다. 저택에 도착한 닉을 톰이 맞이한다. 강렬

한 인상을 풍기는 톰은 부와 수단(닉이 말하듯 '나약한 허세')
이 있는 사람들을 떠올리게 만드는 승마복 차림이다. '다소 무
뚝뚝한 입,' '거만한 태도,' '번쩍이는 오만한 두 눈'을 하고 당
당하게 서서 '아버지다운 경멸감이 밴' 투로 말하는 모습을 보
건대 분명히 신사답고 섬세한 사람은 아니다. 오히려 그보다
는 사회적 형평성과 공공의 약속 따위를 거의 무시하는 가혹
하고 힘 있는 사람이다. 지위와 특권을 지닌 그는 그런 식으로
자신이 가진 것들을 지키고자 한다. "지낼 만한 곳이지"란 톰
의 첫 마디도 몸에 밴 우월성이 엿보이는 말이다. 소설이 전개
되면서 톰은 개츠비의 새로 얻은 부와 꿈 많은 특성과는 완연
히 대비되면서 개츠비를 돋보이게 하는 역할을 한다.

피츠제럴드는 꿈같은 배경 속에 데이지와 조던 베이커를
배치해 이들이 현실에 대처하지 못한다는 것을 강조한다. 순
백색 옷을 입은 이 여성들은(순결, 또는 반대로 지성 같은 것
의 결여) 자신들이 앉아 있는 아주 넓은 방 속에 파묻힌다. 피
츠제럴드는 '마치 두 여인이 집 주변을 잠시 날아다니다가 바
람에 날려 방으로 다시 들어온 듯 찰랑거리며 나부끼는' 옷에
주목한다. 톰이 창문을 닫자 미풍이 흩어지면서 "두 젊은 여
성은 천천히 바닥으로 내려앉았다." 이보다 더 맥없는 모습을
그려내기는 힘들었을 것이다. 그들은 먹고사는 일에는 전혀
관여하지 않는 사람들이다.

대화가 시작되자 이들의 피상적인 성향은 더욱 뚜렷해진

다. 데이지는 사람들을 끄는 힘 있는 목소리(나중에 개츠비가 돈이 들어 있다고 규정하는 목소리)로 말한다. 데이지는 즉흥적인 생각을 행동으로 옮기면서도 현실 세계에는 관심이 없는 것 같다. 저녁식사 때 나누는 대화는 몇 가지 중요한 사항들을 알려준다. 이스트에그 사람들은 거의 실용성이 없거나 중요하지 않은 문제에 집중하며, 자기들이 중요하고 가치 있다고 인식하는 것에 대해 말할 때는 숨김없이 모습을 드러낸다. 예를 들어, 톰은 정치를 논할 때 계층에 따라 사람들을 차별할 뿐 아니라(계급주의자) 인종차별주의자란 사실을 노골적으로 보여준다. 닉과는 달리 특권층 출신인 그는 모두가 똑같은 이점을 가진 것이 아니라며 판단 유보에 대한 격언에 동의하지 않는다. 톰에게 중요한 것은 자기가 이점을 지니고 있다는 사실 뿐이고, 그가 하는 일은 모두 어떤 계층들 속에서도 자신을 유지시키려는 이기적인 시도에서 행해지며, 다른 사람, 심지어는 2장에서 소개될 정부(情婦)의 접근조차 거부한다.

만찬에서는 사회적 기대라는 또 하나의 중요한 주제가 소개된다. 〈위대한 개츠비〉의 많은 부분은 그 사람이 누구고 어떤 사람이냐 하는 것과 사회가 누구 혹은 무엇을 바라거나 기대하느냐 하는 것 사이의 괴리와 외모에 초점을 두고 있다. 피츠제럴드는 뷰캐넌 가족을 소개할 때 이미 그 같은 모습을 보여주었다. 그들은 우아하고 관대할 것으로 기대되지만 천박하고 피상적인 것처럼 보인다. 밤에 닉이 집으로 갈 준비를 할 때 데이지가 '뭔가 물어볼 게 있었는데 깜빡했다며 중요한 것'이니까 기다리라고 해놓고는 "오빠가 서부에서 어떤 여자와 약혼했다는 소문을 들었다"고 말한다. 닉은 단호하게 부인한다. "그건 명예훼손인 걸. 난 너무 가난하거든."(이상하게도 닉의 반응 역시 주요 주제인 부를 떠올리게 하는데, 소설이 전개되면서 돈과 결혼이 그 중심을 차지한다.) "하지만 우리는 그렇다고 들었어요… 세 사람한테 들었으니 거짓일 리가 없죠." 닉은 그 이야기의 자초지종을 잘 알고 있다. 여기서 약혼을 둘러싼 뒷말들도 닉이 동부로 오는 데 한몫 했다는 사실이 드러난다. "소문에 떠밀려 결혼할 의사는 없었다." 사회적 압박을 견뎌낼 정도로 강인한 닉은 나중에 암시의 힘, 때로는 절박한 목적에 몇 번이고 굴복하는 다른 등장인물들과는 현격하게 대비된다.

차를 몰아 귀가하면서 이상하게도 '혼란스럽고 약간 정나미가 떨어진' 기분을 느꼈던 닉은 집에 도착해서도 낯설기는 매한가지다. 바깥에 앉아 있던 닉은 바다 건너로 시선을 두고 있는 개츠비인 듯한 사람을 본다. 닉은 개츠비의 행동에서 혼자 있고 싶어하는 듯한 뭔가를 감지하고 어둠 속에서 지켜보고 있다. 바다쪽으로 다가간 개츠비는 몸을 떨며 바다를 향해 팔을 내뻗는다. 그가 무엇을 향해 몸짓하고 있는지 알아보려던 닉의 눈에는 '선창의 끝인 것 같아 보이는 곳에 있는 아주 작고 아득한 초록색 불빛 하나'만 들어온다. 그 유일한 초록

색 불빛은 미국 문학에서 지금까지도 가장 유명한 상징 가운
데 하나다. 5장과 책 말미에 다시 나오는 그 불빛은 데이지의
집을 나타내고, 개츠비의 몸짓은 이어지는 장들에서 드러나듯
사랑의 몸짓이다.

Chapter 2

톰의 밀애

2장은 재의 골짜기에 대한 묘사로 시작된다. 도시와 교외가 교차하는 이곳은 예전에는 발전했었지만 지금은 버려져 있는 광활한 지역이다. 황량한 느낌과 획일적인 잿빛 외에 그 자체로 눈길을 잡아끄는 무너져가는 광고판의 본거지이기도 하다. 광고판에 그려진 T. J. 에클버그 박사의 눈은 '푸르고 거대한—망막의 높이가 무려 1야드다'. 닉이 처음 톰의 정부 머틀 윌슨을 만난 곳이 재의 골싸기다. 함께 기차를 디고 뉴욕으로 가던 길에 톰은 닉에게 '자기 여자를 만나려면' 내려야 한다고 우겨 머틀의 남편이자 '부실한 사내' 조지 윌슨이 운영하는 자동차 정비소로 간다. 톰은 윌슨과 간단하게 사업 문제에 대해 잡담을 나눈다. 육감적이고 통통한 30대 중반의 머틀이 남자들과 합류한다. 톰이 머틀에게 만나고 싶다고 조용히 말하자 머틀은 이내 남편에게는 뉴욕에 있는 여동생을 찾아가는 체하고 만날 약속을 정한다. 닉은 톰과 머틀의 아파트로 함께 간다. 도중에 머틀이 개 파는 남자를 발견하고 한 마리 갖겠다고 한다. 아파트에 당도한 머틀은 여동생 캐서린과 친구 매키 부부에게 전화를 걸어 파티에 초대한다. 여섯 사람은 술에 취한 상태로 오후를 보낸다. 시간이 흐르면서 점점 더 취한 머틀은 자신의 처지와 결혼, 톰과의 열렬했던 첫 만남, 톰의 결혼에 대해 거침없이 말하다가 데이지의 이름이 나오자마자 폭발하며 목청껏 "데이지"를 외친다. 화가 난 톰이 큰 손을 날려 '단 한 방의 짧고

민첩한 동작'으로 머틀의 코를 부러뜨린다. 파티는 갑자기 시들해지고 손님들은 그곳을 떠난다. 2장은 닉이 매키 씨를 집에 데려다주고 혼자 귀가하는 것으로 끝난다.

　1장은 개츠비가 밤에 자신의 꿈을 향해 손을 내뻗는 것으로 끝난 데 반해, 2장은 현저한 대조를 보이며 시작된다. 닉은 '웨스트에그와 뉴욕 중간쯤에' 쭉 뻗어 있는 땅에 대해 설명한다. 그곳은 너무나 황량해서 그냥 "재의 골짜기다. 재가 밀처럼 자라서 산마루와 언덕과 기괴한 정원이 되는 환상적 농장이고, 재가 집 모양을 띠고… 출중한 노력으로, 희미하게 움직여 이미 먼지 가득한 대기 속으로 허물어져가는 사람들의 형상을 띠기도 하는 곳." 지리상으로는 요컨대 도시적인 것과 교외스러운 것의 중간 지점으로서 한쪽은 더러운 강가에 인접한 꿈도 없고 색깔도 없는 재의 골짜기는 약삭빠른 도시인들과 두 에그의 부자들이 만족스럽게 내려다보는 온갖 부류의 사람들이 무여 사는 본거지다.

그 지역사회의 잿빛 특징은 모든 요소에 반영된다. 〈위대한 개츠비〉에서 두 번째로 기억에 남을 만한 이미지는 T. G. 에클버그 박사의 낡은 광고판이다.(첫 번째는 선창가의 초록색 불빛) 여러 면에서 재의 골짜기 위를 배회하는 신비한 눈은 정신적인 힘의 역할을 한다. 조지 윌슨의 말처럼 에클버그 박사의 눈은 하나님의 눈이다. 얼굴 없는 눈이 이 작품—전통적 신성(神性)이 없는 책—에서 진행되는 모든 것 위를 떠다닌다. 이런 의미에서 그 눈은 등장인물들의 삶, 더 나아가서는 피츠제럴드가 언급하는 사회 속에 하나님에 대한 공경이 결여되어 있다는 것을 보여준다. 1920년대의 특징이라면 사회의 한 부분에서 나타나는 점증하는 자유와 무모함이다. 개츠비의 파티는 상류층의 퇴폐를 드러내는 완벽한 징표다. 피츠제럴드는 에클버그 박사의 광고판을 통해 사람들이 기존(확립된) 도덕과 사회적으로 용납되는 행동 규범에 등을 돌리고 정신적 측면을 가꾸는 데 소홀하지만 하나님의 눈은 끊임없이 모든 것을 지켜보고 있다는 점을 암시한다. (에클버그의 거대한 눈 주위의 얼굴이 흐려져서 사라진 것처럼) 하나님의 형상이 일상생활로부터 점점 사라진다고 하더라도 그 눈은 일어나고 있는 일을 모두 바라보고 있으며, 독자들은 그 눈을 통해 잃어버렸던 정신적 관계를 은연중에 다시 맺게 된다.

닉과 톰이 기차에서 내려 윌슨의 정비소로 향한다.(톰이 닉에게 어떻게 명령하고, 그들이 하게 될 일을 어떻게 말하는지 눈여겨보면 톰의 성향이 분명하게 드러난다.) 독자는 간단한 대화를 통해 재의 골짜기에 갇힌 사람들과 윌슨에 대해 많은 것을 알게 된다. 윌슨이 황량하게 버려진 골짜기를 벗어나 딴 곳으로 갈 것이란 암시는 없다. 그는 평범하고 '금발'이며 '부실하고' '생기가 없으며' 잘생긴 구석은 거의 찾아보기 힘들다. 사업은 망할 지경에 놓여 있고, 주변에서 무슨 일이 진행되고 있는지도 모르는 것 같다. 톰의 말처럼 '자기가 살아 있다는 것도 모를 만큼 멍청'해 보이지는 않지만 정체 모를 뭔가에 걸려들어 궁지에 몰린 것 같다.

머틀 윌슨은 남편과 현격한 대조를 보인다. 데이지처럼 천상의 이미지 같은 신비로운 특성은 없지만 아주 세속

적이면서도 관능미가 두드러지고 남편에게는 전혀 없는 어느 정도의 야망과 추진력도 갖추었다. 상류 사회의 고상함을 몇 차례 내비친 닉과 톰은, 머틀이 곧 그들과 합류해서 닉이 순전히 외도용으로 마련한 도시의 아파트로 갈 것을 알고 자리를 뜬다. 하지만 혹시 기차에 타고 있을지도 모를 이스트에그 사람들의 눈에 띄고 싶어하지 않는 톰의 바람에 따라 머틀은 다른 열차 칸에 탄다. 톰의 성향을 감안한다면 몹시 뜻밖의 일이다. 그는 자기의 외도를 데이지가 아는 것은 걱정하지 않을 만큼 대범한 모습을 보이면서도 마치 하나의 신중한 작은 몸짓이 외도를 과시하는 다른 모든 방식을 보완하기라도 하듯 기차에서는 그렇지 않은 척해야 할 필요성을 느낀 것이다.

　일행이 뉴욕에 도착하자 머틀은 특징 없는 남편보다는 그래도 나은 모습을 보여주지만 아무리 노력해도 세련됨과는 거리가 멀다. 고심해서 택시를 고른 방식뿐만 아니라 가판대에서 타블로이드 판 잡지를 구입한 행위는 머틀이 그 잡지에서 읽은 부유층에 속하기를 갈망하며 부자 애인을 통해 그곳에 들어갈 수 있다는 생각을 갖고 외모와 패션에 관심을 기울인다는 것을 암시한다.

　뉴욕의 아파트에서 '고향에 돌아온 듯한 당당한 눈길로 이웃을 둘러본' 머틀은 변신을 한다. 옷을 갈아입고 하류층의 겉모습을 벗어던진 그녀는 새 옷을 걸치자 다른 사람이 되고, 여동생과 친구 몇 명을 초대해 오후 파티를 연다. 하지만 단순히 그들과 함께 즐기고 싶어서가 아니라 자기가 얻어낸 것을 과시하려는 의도가 담겨 있다. 설사 그것이 의심스러운 수단을 통해 얻은 것이라고 해도 머틀에게는 아무런 상관이 없다. 간통에 대한 도덕성도 문제가 되지 않는다. 톰과의 정사로 그녀가 원하는 것 ─ 돈과 권력 ─ 만 얻으면 그만이다.

닉이 묘사하듯, 옷을 갈아입은 머틀은 앞서의 '강렬한 활력'(분명히 긍정적이고 기분을 새롭게 하는 태도)을 '인상적인 오만'(닉에게 존경과 혐오를 함께 불러일으키는 매력 없는 특징)과 바꾼다. 머틀은 사람들을 접대하며 즐기는 동안 자신이 우월하다고 의식하는 모습을 보여준다. 그녀가 불러 모은 사람들의 면면을 보면 어렵지 않은 일이다. 예를 들어, 매키 부부는 상류층에 들어가려고 필사적으로 노력하지만 천박하고 덜 떨어진 사람들이다. 예술가처럼 보이려고 애쓰는 매키의 사진은 새롭지가 않고 진부하기까지 하다. 남들이 예술적이라고 믿어주기를 바라지만 기껏해야 기교가 있는 정도다. 사진에 부여한 독창적이지 못한 제목이 그 증거다. '몬토크 포인트-갈매기'와 '몬토크 포인트-바다.'

머틀은 술이 과해질수록 점점 호전적이 되어간다. 사람들에게 이래라저래라 하고 비뚤어진 상류 사회의 우월감을 드러내며 불쑥 다양한 부류의 사람들을 깔보는 말을 던지는 모습은 여러 면에서 톰을 보는 것 같다. 자신이 손님들보다 우월할 뿐 아니라 톰과 대등하다고 생각하는 것이다. 그러나 이 모든 것은 톰이 잔인하게 그녀의 위치를 일깨워주면서 바뀐다. 데이지의 이름을 들먹인 후 톰과 머틀은 "마주보며 격앙된 목소리로 윌슨 부인이 데이지의 이름을 언급할 자격이 있느냐는 문제를 놓고 옥신각신한다." 위스키 때문에 대담해진 머틀이 데이지의 이름을 외치기 시작하자 톰은 닉이 처음 만났을 때부터 익히 알고 있던 잔인한 힘을 드러내며 큰손으로 재빨리 머틀을 후려쳐 코를 부러뜨린다.

주제 탐색 그 충격적인 폭력은 계산된 것으로 대부분의 사람들이 외면하고 싶어하는 삶의 비열한 단면을 강조한다. 피츠제럴드는 그 폭행을 통해 톰과 무정하게 인간을 대하는 그의 모습을 더 많이 보여줄 뿐 아니라 재즈 시대의 이면에 감춰진 부분을 설명한다. 대부분의 사람들이 호시절과 근심 없는 방종을 1920년대의 몽상과 관련짓지만 작가는 훨씬 더 어두운 면을 제시한 것이다. 톰은 제어할 수 있는 규범이 거의 없는 불쾌한 자다. 독자는 분명 의아해 하리라. 이 같은 폭력을 능히 자행할 수 있는 자라면 또 어떤 짓거리를 할 수 있을까? 겨우 2장에서 피츠제럴드는 매력 있어 보이는 삶의 불유쾌한 측면을 보여주는 것이다. 충격적이고 섬뜩한 그 사건은 독자의 관심을 자극하며 책에서는 물론 실생활에서도 이 사회가 어디까지 추락할 것인지 궁금하게 만든다.

주제 탐색 톰과 머틀의 아파트에서 열린 파티에 깔린 동성애의 기조를 잠시 탐색해 보자. 사람들이 아름답다고 하는 머틀의 여동생 캐서린(사회의 한 부분이 다른 부분에 대한 기준을 정할 권리가 있다는 관념과 함께 소문과 진실의 개념이 다시 도입된다.)은 '호텔에 있는 여자친구'와 살아갈 계획과 여행에 관해 대충 말한다. 이 장면에서 캐서린이 레즈비언이라고 암시하는 것은 아니라고 해도 그 가능성은 보여준다. 피츠제럴드가 오후 파티를 통해 보여주듯 어떤 일이든 일어날 수 있다. 당시는 사람들, 특히 유행을 좇는 사람들이라면 간절히 기존의 경계를 무너뜨리고 싶어한 야성의 시대다. 그들은 기존의 사회적 관습에도 도전하는 것 같다. 2장에서 닉이 갖는 신비에 싸인 만남 또한 그 시대의 성도덕에 대한 도전을 암시한다. 당시에는 동성애를 공공연하게 입에 올리지 않았다.

2장 끝에서 닉은 매키를 집까지 바래다준다. 그리고 그간의 과정이 생략된 채, 닉은 '그의 침대 옆에 서 있었고 그는 손에는 커다란 서류 가방을 든 채 속옷 차림으로 시트 속에 앉아 있었다'는 말을 한다. 피츠제럴드는 구체적인 증거 없이 암시를 흘려 매우 의도적으로 문제를 피하면서도 두 남자의 예기치 않은 성관계 가능성을 연상케 한다. 혹자는 2장에서 동성애를 보는 것은 무의미하다고 말하기도 한다. 동성애에 초점을 맞추고자 했다면 작가는 그 점을 좀더 분명히 표현했어야 한다는 것이다. 그러나 이 비평가들은 피츠제럴드가 자신이 속했던 사회와 같은 방식으로 암시한다는 가능성을 간과하고 있다. 작가는 책의 저변에 깔린 동성애를 분명히 표현하지

않음으로써 대부분의 집단이 용인하지 않는 특정 생활양식은
사회 전반에서도 인정하지 않으려고 한다는 세태를 반영하고
있다. 동성애에 대한 암시는 〈위대한 개츠비〉의 특징이라고
할 방탕함에도 초점을 맞춘다. 피츠제럴드는 1920년대가 사
회 한계에 도전하는 시대였을 뿐 아니라 성적—심지어 정신
적—경계를 바꿔놓는 시대이기도 했다는 것을 넌지시 말하고
있다.

Chapter 3

 닉, 개츠비를 만나다

3장에서 닉은 다시 개츠비에게 주의를 돌린다. 여름 수개월 동안 '속삭임과 샴페인과 별들 사이를 부나방처럼 오가던 남녀들'이 있는 호화 파티들을 개최했던 개츠비는 이제 멀리까지 두루 알려진 인물이 되었다. 주말이면, 사람들은 개츠비의 풀장, 배, 자동차 등을 이용하는 것은 물론이려니와 파티에 참석하려고 개츠비의 집으로 몰려들었다. 그 모임은 소규모 악단이 아니라 오케스트라가 흥을 돋우었고, 두 차례의 완벽한 만찬이 아낌없이 제공되었다. 손님들은 새벽까지 시시덕거리고 춤추며 즐겼다.

멀리서 이런 파티들을 지켜보던 닉에게 개츠비가 직접 쓴 초대장이 전달된다. 그는 정식으로 초대를 받은 몇 안 되는 사람 가운데 하나다. 나머지는 그저 파티가 있고 외면당하지 않으리란 것만 염두에 두고 오는 사람들이다. 파티에서 개츠비를 찾아보려 하지만 기회가 닿지 않는다. 손님들도 개츠비를 모르는 듯, 있는 곳을 말해 주지 못한다. 파티장을 돌아다니던 닉은 조던 베이커를 만난다. 함께 이곳저곳을 기웃거리던 두 사람은 개츠비가 사람을 죽였다는 등의 소문들을 우연히 듣게 된다. 샴페인을 몇 잔 마신 닉은 한 친구와 대화를 나누게 되는데, 바로 개츠비이다. 나중에 개츠비는 조던 베이커를 한쪽으로 데려가 사적인 이야기를 한다. 그들의 대화 내용은 드러나지 않지만 조던은 충격을 받은 듯한 표정이다.

독자들이 그해 여름에 앞의 세 가지 사건밖에 없었다고 생각하지 않

도록 닉은 주로 일, 가끔 가졌던 데이트, 예일 클럽에서의 식사 이야기 등 그에게 일어났던 아주 많은 일을 불쑥 끼워 넣는다. 그는 '매혹적인 대도시의 황혼'과 사람들이 즐거움을 찾는 모습을 감상하며 여름을 보내면서 뉴욕에 대해 점점 친근감을 느낀다. 한여름에 조던 베이커와 우연히 마주쳤던 닉은 그녀를 점점 자주 만나게 되자 '일종의 애정 어린 호기심'을 가지고 바라보지만 '구제불능일 정도로 부정직하다'는 것을 깨닫는다. 사실, 닉이 애초에 조던의 이름을 기억하게 된 것도 골프 시합에서 부정행위를 저질러 기소된 적이 있었기 때문이다. 비록 닉은 겸손하게 '나는 내가 알고 있는 극소수의 정직한 사람 가운데 하나'라며 자신의 중요한 미덕을 자찬하면서 3장을 마치지만, 조던은 문제가 있는 여인임에도 불구하고 닉의 관심을 자아낸다.

문학적 장치 3장은 여러 부분에서 파티 때마다 두 가지 사건을 나란히 배치하는 2장과 같다. 톰의 파티와 개츠비의 파티는 아주 다르지만 어떤 면에서는 같은 부분도 있기 때문에 독자로서는 두 남자의 유사점을 찾아보는 재미도 쏠쏠하다. 3장은 비록 개츠비를 소개하고 있지만, 그 목적은 2장처럼 기본적인 배경을 제공하는 것이다. 여기서는 톰에 관한 이야기를 삽입해 주인공 소개를 효과적으로 늦춰 그를 둘러싼 신비한 분위기를 만들어가고, 개츠비를 만나지 못한 독자들은 더더욱 닉에게 의존하게 된다. 그러나 정보는 불충분하고, 그가 누구이고 어디 출신인지는 다음 장들에서 마무리하게 만든다.

닉은 연예인과 사교계 명사들은 물론 일반인들까지 끌어들이는 개츠비의 성대한 파티에 대해 말한다. 개츠비는 후하고 붙임성 있는 완벽한 파티 주최자다. 아니, 이용당하기 딱 알맞을 만큼 친절한 사람이다. 사람들은 아무렇지도 않게 파티에 참석할 뿐만 아니라 그의 배와 비행기, 자동차 등을 이용한다. 그러나 주말마다 변함없이 최고의 음식과 술, 오락이 제공되는 지나치게 풍족한 파티를 계속 여는 것을 보면 개츠비는 손님들에게는 개의치 않는 것 같다.

이웃인 닉은 그동안 무심한 관찰자로서 거리를 두고 파티를 지켜보았지만 3장에서는 정식으로 초대를 받는다. 구경꾼에서 참여자가 된 닉은 이제 그 파티에서 일어나는 일뿐만 아니라 파티 참석자들의 면면을 알게 된 상태에서 설명할 수 있는 위치가 된다. 닉이 파티에 정식 초대를 받은 극소수의 사람들 가운데 하나라고 밝히는 부분은 사소하지만 아주 많은 것을 시사한다. 아직 설명되지 않은 여러 면에서 닉이 전형적인 파티 손님들과는 다르다는 점을 보여주기 때문이다. (다른 사람들이 판에 박힌 듯 파티에 오가는 모습을 보면 파티에 참석하는 것이 그다지 어렵지도 않았을 텐데) 닉은 개츠비의 이웃에 살면서도 파티에 가고 싶은 충동에 굴복한 적이 없다. 아마도 닉의 중서부적인 근성과 암암리에 거리를 두게 만드는 교양에 기인할지 모르겠지만, 어쨌든 이 장면에서 드러나는 닉의 예의 바른 모습은 진실한 인물의 면모를 보여준다.

닉은 파티에서 부유해 보이는 참석자들의 삶을 자세히 들여다볼 수 있는 절호의 기회를 갖는데, 그 인상은 그다지 좋지 않다. 매력적이고 유창하게 주절대는 손님들의 아주 얄팍한 본색이 드러나기 때문이다. 닉은 그들이 '놀이공원 행동 규범에 따라 행동한다'며, 근심 없고 활기찬 20년대의 분위기를 다시 강조한다. 때때로 그들은 개츠비를 만나보지도 않고 왔다 가는 경우도 있다. 그들과 달리 닉은 도착하자마자 초대한 주인을 찾으려고 하지만 도와줄 수 있는 사람이 없다. 사실, 닉이 개츠비를 찾을 수 있도록 도와달라고 하자 그들은 '놀란

듯이' 쳐다볼 뿐 '그의 동정에 대해서는 아는 것'이 없다고 힘
주어 말한다. 다시 한 번 그들이 닉과 확연히 다르다는 것을
보여주는 대목이다.

인물탐색 닉이 파티에서 마주친 지인은 조던 베이커가 유일하
다. 지금까지는 조던에 대해 별로 알려진 사실이 없지
만 그녀가 그곳에 있다는 단순한 사실은 어느 면(3장 후반과
3장 이후에 밝혀지는 면)에서는 그녀가 다른 참석자들과 같은
부류라는 것을 나타낸다. 그러나 닉이 조던에게 흥미를 갖게
된 것처럼, 조던도 닉에게 흥미를 느끼는 것 같다. 닉에게 끌
린 이유가 무엇이든 간에 조던은 닉 같은 사람과는 어울린 적
이 없었다.

파티장 이곳저곳을 기웃거리던 닉과 조던은 파티 주최자
에 대해 흥미로운 이야기를 몇 가지 주워듣는다. 그 이야기들
은 모두 〈위대한 개츠비〉의 저변에 깔린 진실과 소문의 개념
을 강조한다. 첫 번째는 한 파티에서 어느 참석자가 옷을 찢었
을 때 값비싼 새 이브닝 가운을 보내주었다는 것이고, 그 다음
은 '그가 사람을 죽인 적이 있다'는 것과 '전시(戰時)에 독일
첩자'였다는 것이다. 아무도 개츠비에 대해 별로 아는 것이 없
다는 사실은 어느 면에서 보면 파티 참석자들에 대한 슬픈 평
가가 아닐 수 없다. 도대체 어떻게 허구와 사실의 차이를 분간
할 기본적인 예의조차 갖추지 못할 정도로 파티 주최자에게
무심할 수 있단 말인가? 대신 그들은 자기들에게 편한 것이나

쉬운 것을 믿으면서 자기들의 이상에 부응하는 제이 개츠비를 만들어낸다. 그런데 이상하게도 손님들이 지어낸 내용이 나중에 밝혀지듯 본인이 지어낸 것과 다르지 않다는 점이다.

닉과 조던은 슬슬 주위를 돌아다니면서 파티 참석자들 당사자에게 더 많은 관심을 보인다. 예를 들어 닉과 조던은 개츠비의 집을 돌아다니다가(적어도 개츠비를 찾고 있다는 듯) 올빼미 눈 모양의 안경을 낀 남자를 만난다. 그는 두 가지가 인상에 남는 사람이다. 첫째, 개츠비의 서재에 있는 책들이 진짜라는 것에 감동을 받은 것 같다. 그의 말은 경솔해 보이지만 실은 의미심장하다. 개츠비는 톰과 달리 '졸부'다. 올빼미 눈은 그것을 알고 있다. 분명히 그는 졸부들 사이에서 상당한 시간을 보냈기 때문에 그들이 어떻다는 것을 너무나 잘 알고 있다. 올빼미 눈은 서재처럼 보이게 하려고 멋지고 견고한 겉표지만 갖춰놓았을 것으로 예상했다가 책이 진짜란 사실에 놀란 것이다. 집에 있는 모든 것은 풍요로운 이미지를 만들기 위해 애써 고른 것이라고 나중에 개츠비가 밝힌다. 두 번째는 지금 일주일째 취해 있다는 그의 말이다. 이 점에서 그는 몇 주 동안 죽 취해서 아무것도 하지 못하는 재즈 시대의 홍보자다.

주제탐색 파티의 축제 분위기는 두 사람이 주인을 찾아 밖으로 나갈 때까지 계속된다. 닉과 조던은 다른 남녀와 합석한다. 닉은 조금만 자극해도 자지러지게 웃는 여자를 보며 샴페인에 취하니 '그 장면이 눈앞에서 의미 있고 숨김 없으며,

심오한 것으로 바뀌었다'고 재미난 말을 한다. 맨 정신으로는 이 장면이 다른 장면보다 더 중요할 턱은 없지만 알코올의 몽롱함 속에서는 의미가 깊어지는 것 같다. 피츠제럴드는 다시 재즈 시대의 삶을 솔직하게 비평한다. 사실 이 시대에 의미를 찾는 유일한 방법이 자신의 의식을 바꿔놓는 것을 통해서임을 제시함으로써 혹독한 사회비평을 하고 있는 것이다. 파티로 사람들은 무의미한 삶에 의미(사실과 관계없이 그것은 잘못된 의미일 수도 있다.)를 찾을 수 있었다. 그들에게 음주는 세속적인 세계에서 빠져나가 더 크고 의미 있는 것에 참여하게 하는 도피다. 얼핏 보면 개츠비는 자신이 주인인 파티에서 동떨어져 있는 것으로 나타난다. 피츠제럴드의 계획대로 닉처럼 독자는 개츠비의 신분이 드러나기 전에 개츠비와 교류하는 함정에 빠진다. 닉은 전형적인 파티 손님들보다는 조금 더 실속 있는 사람―개츠비에 대한 질문을 하며 다소 관심을 갖는 사람(비록 지나가는 관심이지만)―과 대화를 시작한다. 닉이 말하듯이 개츠비는 변함없는 확신을 안겨주는 자질을 가졌다. 그의 미소는 '여러분이 자신을 믿고 싶어하듯 여러분을 믿었고, 여러분이 최선을 다해 전하고 싶었던 여러분의 인상을 정확히 받았다는 것을 확신하게 해주었다는 것'이다. 개츠비의 미소를 통해 투영되는 이해는 근거가 있다. 과거의 사건(6장)이 개츠비에게 잘 다듬어진 외모의 가치를 알게 했던 것이다.

개츠비는 지극히 교양 있는 이미지를 지녔다. 닉에게 보내는 초대장에 사인을 한 위엄 있는 손에서부터 대규모 오케스트라와 공들인 접대에 이르기까지 완벽한 신사로 보인다. 정중하고 친절하며(그렇지 않으면 그가 어떻게 그 손님들을 견뎌낼 수 있었겠는가?) 소문을 불러일으키는 복합체다. 하지만 정신적·육체적으로는 손님들과 떨어져 있다. 저녁이 되면서 남녀가 연애의 몸짓으로 서로에게 더 가까이 다가가기 시작하는데 개츠비는 눈에 띄게 주변에 머물러 있었다고 닉은 지적한다. 어느 여자도 개츠비의 어깨에 머리를 기대려 하지 않고, 어느 누구도 개츠비를 끌어내 자기네 무리에 끼워주려 하지 않았다. 파티 주최자 개츠비는 눈에 띄게 손님들과 멀리 떨어져 있었다. 닉은 이것을 감지한 최초의 사람일 것이다.(다시 한 번 닉은 믿을 수 있는 화자로 등장한다.) 하지만 어느 여자도 상대하지 않을 것이라고 생각하는 바로 그 시점에 개츠비는 조던과 사적으로 이야기를 나눈다. 조금 더 오래 긴장을 유지하고 싶은 피츠제럴드는 그들이 나눈 대화를 밝히지 않지만 조던은 그것이 '아주 놀라운 일'이었다고 말한다. 자세한 내용은 4장 끝에서 드러난다.

3장은 개츠비와 파티, 손님들에 대한 정보 외에 1장에서 도입된 도덕성과 정당성의 문제를 연대순으로 기록하고 있다. 3장의 끝으로 가면서 닉의 초점은 개츠비에게서 조던 쪽으로 옮아간다. 닉은 조던에게 관심을 드러내면서도 거짓말하는 성향 때문에 수위를 조절한다. 처음에 주로 조던의 명성 때문에 '우쭐해서 여기저기 함께 다니는' 동안에도 '정말로 사랑한다'기보다는 '일종의 애정 어린 호기심'을 느낀다. 그러나 조던이 불리한 상황을 모면하려고 거짓말을 떡먹듯이 한다는 것을 알고 생각을 바꾸는 닉의 모습에서 모순적 양면성이 드러난다. 다른 사람들의 명성과 악평에 빌붙어 즐거움을 느끼는 인물들과는 달리(예를 들면, 톰과의 교제에서 얻어지는 힘과 명성을 즐기는 머틀) 닉의 판단력은 명성에 의해 완전히 흐려지지는 않는다. 그는 조던을 좋아하면서도 그녀의 부정을 간파하는 것이다. 그러나 이토록 훌륭한 판단력에도 불구하고 그는 모순되는 말을 한다. '여성의 부정직함은 깊이 나무랄 것이 못 된다. 나는 당시에는 유감스러웠어도 이내 잊었다'고 고백한 것. 인정하고 싶지 않겠지만 그는 조던이 여성이기 때문에 결점을 양해하는 이중 잣대를 지닌 것이 분명하다. 3장이 끝나면서, 자기가 극소수의 정직한 사람 가운데 하나라는 닉의 말은 여러 면에서 사실이고, 소설이 진행되면서 그의 도덕적 용기는 더욱더 분명해지지만 조던의 거짓말을 대수롭지 않게 넘겨버린다는 단순한 사실은 순간적으로나마 그 말이 사실인지 의아스럽게 한다.

Chapter 4

 개츠비의 고백

    4장은 개츠비의 파티 손님들을 열거하는 것으로 시작된다. 체스터 베커 부부, 리치 부부, 웹스터 시비트 박사, 혼빔 부부, 크리스티 부부 등. 명사들과 사교계에 처음 나오는 사람들에서부터 유명인과 평판이 나쁜 인물들에 이르기까지 개츠비의 파티는 최고의 인사들만 끌어들인다. 클립스프링거란 사람은 개츠비의 집에 너무 자주 오고 오래 머물러서 '하숙생'으로 알려졌을 정도다.

    7월의 어느 늦은 아침, 닉의 집을 찾은 개츠비가 뉴욕에서 점심을 먹자고 한다. 닉이 '당혹스러워하며 차를 타고' 도시로 가는 동안, 소문을 듣고 '잘못된 생각을 갖지' 않도록 개츠비는 과거 이력을 밝힌다. 하지만 그가 유복한 중서부 가(家)(샌프란시스코)에서 태어났고 '가문의 전통'인 옥스퍼드에서 교육받았다는 말을 하자 닉은 의심스러워한다. 개츠비는 유럽을 여행한 후 군에서 소령으로 복무하며 '죽으려고 많이 노력했지만' '마력을 지닌 생명을 타고난 것 같았다'고 했다. 이 같은 말들을 입증이라도 하듯, 개츠비는 경찰관의 과속 단속에 걸려 차를 세우지만 언젠가 그가 부탁을 들어주었던 경찰서장의 명함을 제시하자 그대로 통과된다.

    뉴욕에서는 닉에게 두 가지 중요한 일이 일어난다. 우선, 점심 때 닉은 전문도박사이자 1919년 월드 시리즈의 승부를 조작했다고 소문난 메이어 울프심을 만난다. 울프심은 개츠비와 조직범죄의 연결고리이며, 여

기에는 밝혀지지 않은 투기(5장에서 다시 암시됨)에서 개츠비가 닉을 울프심과 짝지어줄 수 있을지도 모른다는 암시가 들어 있다. 두 번째 일은 조던을 통해 일어난다. 조던은 1917년 어느 날 아침 데이지와 '모든 처녀들이 받고 싶어하는 시선으로' 데이지를 지켜보던 미지의 장교 구애자를 만났던 이야기를 들려준다. 그의 이름은 제이 개츠비. 데이지는 가족이 그 혼인을 찬성하지 않자 결국 관심을 톰 뷰캐넌에게 돌렸다. 결혼 전날 데이지는 다시 생각하지만 만취해서 울고 난 이후 마음을 고쳐먹고 톰과 결혼했다. 이듬해 4월 데이지는 딸을 낳았다. 조던은 파티가 있던 날 밤 개츠비가 했던 말에 유의하며 이야기를 계속한다. 그가 웨스트에그로 오게 된 것은 분명 우연이 아니다. 그리고 의도적으로 잃어버린 연인의 집 앞에 있는 만 건너편에 위치한 저택을 선택했다는 것이다. 이어 조던은 개츠비의 청을 전한다. 닉이 어떤 날 오후를 잡아 데이지를 초대해 주면 마치 우연인 듯 개츠비가 들렀다가 그녀를 만날 수 있게 해날라는 것. 데이지는 옛 애인과의 의도된 재회에 대해 전혀 모르고, 모든 게 놀라운 일이 될 것이다.

4장에서 세 가지 중요한 사건 — 개츠비가 차에서 밝힌 내용, 울프심과의 만남, 데이지의 장교 연인에 관한 조던의 이야기 — 은 하나의 공통 목적을 향하고 있다. 개츠비의 과거와 현재를 잘 이해하게 해준다는 것. 개츠비는 떠도는 소문들을 잘 알고 있다는 듯 그것들을 바로잡으려 하면서도 과거에 대해서는 닉이 알고 있으면 좋겠다 싶은 것만 언급할 뿐이다. 나중의 장들에서는 더욱더 많은 정보, 심지어 개츠비 사후의 정보까지 나올 것이다.

4장의 처음 몇 구절은 마치 1922년 판 〈인명사전〉을 읽는 것과 비슷하다. 닉은 파티 손님들 수십 명의 이름을 열거하는데, 필경 모두들 알아볼 만한 사람들이다. 사치스러운 개츠비의 모임에서 너나없이 눈에 띄고 싶어한 것은 분명하다. 어떤 사람은 이스트에그(귀족적으로 들리는 이름 때문에 구별된다. 엔다이브 부부, 스톤월 잭슨 부부, 피시가드 부부, 리플리 스넬 부부)에서 왔는가 하면, 어떤 이들은 웨스트에그(민족적 색채를 자랑하는 이름. 폴, 멀레디, 쇼언, 귤릭, 코헨, 슈와츠, 매카시)에서 왔다. 피츠제럴드는 이름을 이용해 이스트에그는 기존의 사회질서를 상징하는 반면, 웨스트에그는 부의 정도는 같지만 그만큼 오래 되지 않은 새로운 이주자들의 본거지임을 나타낸다. 닉이, 마치 막 도착한 이 사람들이 독립을 위해 싸우지도 않고서 그 혜택이나 누리고 있다는 듯이 독립기념일 다음날인 1922년 7월 5일자 일정표에 적어둔 메모를 보고 그 이름들을 하나하나 열거하는 것은 기이하다.

손님들을 특징에 따라 분류했던 닉은 이어 자신의 인생 행로를 영원히 바꾼 또 다른 모험에 대해 언급한다. 처음으로 닉의 집을 찾은 개츠비는 함께 점심을 먹어야겠으니 같은 차를 타고 가는 것이 좋겠다고 말한다. 그러나 진짜 방문 이유는 단둘이서 이야기를 나누는 것이므로 두 사람은 개츠비의 차 ― 너무 크고 엄청나서 저속할 정도 ― 를 타고 도시로 향한 다.(아메리칸 드림의 당당한 상징이자 개츠비의 부를 보란 듯 이 드러내주는 자동차가 나중에 그를 파멸로 이끌다니 얼마나 얄궂은 일인가!)

인물 탐색 두 남자가 시내를 향해 떠날 때도 닉은 '지난달 개츠비 와 아마 여섯 차례 대화를 나눴으면서도' 그의 말마따 나 개츠비에 대해 아는 것이 거의 없었다. 그러나 개츠비가 이 야기를 펼쳐놓으면서 이내 모든 것이 바뀐다. 그 대화가 특히 중요한 이유는 개츠비가 소개하는 내용이 그의 실체가 아님 을 처음으로 강하게 암시하기 때문이다. 지금까지는 신비로움 과 추측이 있었지만 피츠제럴드는 독자에게 개츠비를 충분히 드러내지 않았다. 개츠비는 닉에게 '절대적 진실'이라며, '중 서부의 부유층 출신이고 '옥스퍼드에서 교육을 받았다'고 말 하지만 그 말을 쉽게 하지 못하는 것을 보고 닉은 뭔가 잘못 된 것이 있을지 모른다고 경계한다. 닉이 중서부의 어디 출신 인지를 묻자 독자들은 비로소 개츠비가 정교한 거짓말을 늘어 놓고 있다는 인상을 처음으로 분명히 갖게 된다. '샌프란시스 코'는 중서부라고 할 수 없으며, 닉은 그것을 알고 있다. 애석 하게도 개츠비는 거짓말을 잘 못하면서도 이야기를 계속한다. 차를 타고 가면서 개츠비가 들려주는 거의 모든 것(아마도 전 부), 즉 떠도는 소문을 듣고 닉이 자기에 대해 '잘못된 생각'

을 갖지 않도록 거리낌 없이 전하는 고백 자체가 자신을 재창
조하는 계획의 일부로 지어낸 허구란 것을 피츠제럴드는 나중
에야 드러낸다. 사실, 개츠비가 묘사하는 과거는 젊은 왕족처
럼 사는 주인공이 보물을 찾고 유희 삼아 미술에서부터 큰 동
물 사냥에 이르는 모든 것을 하며 사는 모험담, 가공적인 이야
기처럼 들린다. 개츠비의 과거는 몹시 믿기 어렵다. "가족이
모두 죽어서 엄청난 돈이 들어오게 되었다"는 말은 기껏해야
희망사항일 뿐, 7, 8장에서 그의 돈이 전혀 다른 곳에서 나왔
다는 것이 밝혀진다.

　도시로 향하는 두 남자는 재의 골짜기를 지난다. 막다른
꿈의 황량한 잿빛 세계에서 무슨 일이든 일어날 수 있는 도시
로 이동하는 것이다. 개츠비는 속력을 내다가 정지당하자 경
찰관 앞에 명함을 한 번 흔들었을 뿐인데 "다음에는 이런 일
이 없을 겁니다, 개츠비 씨. 실례했습니다!"라며 정중하게 보
내준다. 개츠비는 경찰서장의 부탁을 들어준 적이 있었고, 그
로 인해 끝없는 사례를 받는 것이다. 개츠비가 닉에게 일련의
거짓말을 했지만 이것은 첫 번째 명백한 사실이다. 개츠비는
지금 만나러 가고 있는 사업 동료를 통해 서장의 부탁을 들어
주었을 테고, 그것은 의심스러운 성질의 일인 듯하다.

　오찬은 1919년 월드 시리즈에서 농간을 부렸다고 소문난
악명 높은 도박사 메이어 울프심을 제외하면 주목할 만한 내
용이 없다. 개츠비의 사업 동반자 울프심에 대해서는 이름이

모든 것을 말해 준다. 울프심은 인간과 동물(늑대)의 완벽한 조합이다. 하는 짓들도 늑대 같은데, 가장 좋은 증거는 그가 몹시 자랑스러워하는 사람의 어금니모양 커프스단추라고 하겠다. 닉이 개츠비를 좋아하기 시작해서 의심스러운 점을 유리한 쪽으로 해석해 주고 싶어도 사업 동반자에 대한 취향을 보면 개츠비가 막 열거한 출신배경의 사람과는 전혀 맞지 않는다. 울프심은 개츠비를 조직범죄 세계와 이어주는 연줄(혹은 울프심이 말하듯 '넌줄')이다. 나중에 알려지듯 그는 개츠비가 부를 축적하는 데 일조해 왔으며, 개츠비가 어떤 부채감을 느끼는 협력관계로서 어느 면에서는 동업자지만 전혀 대등한 위치는 아니다.

같은 날 오후, 개츠비의 이야기를 듣고 울프심을 만난 후 닉은 조던 베이커와 차를 마시는 자리에서 개츠비에 대해 더 정확한 정보를 얻게 된다. 조던은 개츠비의 파티가 있던 날 밤 알게 된 '놀라운' 이야기를 들려준다. 그 이야기는 루이빌에서 보낸 조던의 소녀시절과 데이지 페이에 대한 기억 하나를 떠올리게 한다.(나중에 데이지 뷰캐넌이 된다. '페이(Fay)'는 '요정(faerie)'과 동의어로서, 데이지처럼 천상의 특성을 가진 사람에게 들어맞는 이름이다.) 어느 날 조던은 청년 장교 제이 개츠비와 함께 있는 데이지를 보았다. 그 장교는 '모든 처녀들이 받고 싶어하는 시선으로' 데이지를 바라보고 있었다. '그 모습이 너무 낭만적으로 보였기 때문에' 조던의 뇌리에 생생하게 남아 있었던 것. 그러나 조던은 파티가 있던 날 밤까지 웨스트에그의 개츠비가 데이지의 차에 있던 그 개츠비인 줄은 꿈에도 생각하지 못했다.

조던이 전하는 결혼식 직전의 데이지 이야기를 통해 피츠 제럴드는 데이지에 대해 더 많은 정보를 알려준다. 데이지는 그 장교(개츠비가 8장에서 말하듯)를 사랑했지만 타의로 결혼까지 이르지 못했다. 돈이 없다는 것이 가장 큰 결격사유였다. 개츠비와 연락을 끊고 다시 평상시처럼 행동하기 시작한 데이지는 톰 뷰캐넌을 만나 곧 약혼한다. 결혼식 전날 이런저런 생각을 하던 데이지는 술에 취해 인사불성이 된 상태에서 돈 대신 사랑을 좇아 결혼해야 한다고 결심한다. 그런데 제정신이 돌아오자 자신과 가족의 기대에 부응하기로 하고 톰과 결혼하지만 톰은 이내 바람을 피우기 시작한다. 데이지는 일찍부터 그 사실을 알았지만 아무런 대처도 하지 못한다. 그 이유는 추측만 할 따름이다. 분명 보기보다 똑똑한 데이지는 톰의 경솔한 짓거리에 신경을 쓰지 않는 것 같다. 왜? 단정하기는 어렵지만 톰의 돈과 이스트에그의 뷰캐넌이 지닌 지위를 즐긴다는 논리가 설득력이 있다. 여자 꽁무니를 좇아다니는 수코양이 같은 남편의 행동에 도전하면 자신의 지위와 안정 — 그녀가 일생을 맴돌았던 것들 — 이 위태로워질 것이기 때문이다.

데이지의 이야기를 마친 조던은 개츠비를 등장시키고, 닉은 그 이야기를 통해 개츠비에 대해 아주 많은 사실을 알게 된다. 닉이 애초에 생각했던 것처럼 개츠비가 그곳에 집을 구입한 것은 우연이 아니었다. 의도적으로 데이지의 이웃보다는 수준이 약간 떨어지는 웨스트에그를 골라 그녀와 마주보려고 했던 것이다. 조던은 개츠비의 파티는 전적으로 데이지의 관심을 끌기 위한 것이라고 밝힌다. 데이지와의 재결합을 꿈꾸는 개츠비는 잃어버린 연인을 위해 생판 모르는 사람들에게 파티를 열어 지나치게 부를 과시한다. 처음에는 데이지가 참석할지 모른다는 희망으로 파티를 열고, 나중에는 손님들에게 데이지를 아는지 묻기 시작한다. 조던이 데이지의 친구란 것을 알게 된 개츠비는 데이지에 관련된 이야기를 들려준다. 조던이 뉴욕에서의 만남을 넌지시 권하자 개츠비는 '바로 옆집에서 보고 싶다'며, 받아들이지 않는다. 데이지나 조던에게 폐를 끼치거나 번거롭게 하고 싶지 않다는 것이다. 그의 속셈은 데이지가 자신의 가치를 안다면 두 번씩이나 거절할 이유가 없을 테니 부를 과시할 저택을 보여주고 싶은 것이다. 이야기를 끝낸 조던은 닉에게 개츠비의 부탁을 전한다. 데이지에게 차를 마시러 오라고 청해서 개츠비와 조우하게 해달라는 것.

4장의 끝에서는 흥미로운 문제와 복합적인 부분들을 제기해서 다시 한 번 작품에 담긴 도덕관념에 귀를 기울이게 한다. 조던이 "데이지가 그녀의 인생에서 뭔가를 가져야 한다"고 말하자 닉도 은연중에 뚜쟁이질을 하기로 한다. 닉은 개츠비의 몽상에 생명을 불어넣으며 톰을 기만하도록 돕는 상황에 놓이고 있다. 닉도 점점 더 조던에게 빠져들면서 판단력이 흐려지는 것 같다.(3장 끝에서 조던을 사귀기 위해 고향에 있는 여자와 관계를 끊기로 결심하는 것도 닉의 도덕적 본질을 보여준다.) 닉은 톰과 개츠비 둘 다 '어두운 벽의 가장자리를 장식한 돌림띠를 따라 떠다니는 육체에서 이탈된 얼굴'에게 사랑받으려는 욕망의 지시에 따라 움직인다는 것을 깨닫는다. 자기는 그런 꿈도 없다는 생각에 공허감을 느낀 닉은 조던을 끌어당겨 키스를 하는 것으로 장을 마감한다.

이 욕망적인 순간으로 인해 닉이 더 인간적으로 보인다. 닉 역시 다른 사람들처럼 욕구와 갈망을 지녔으며, 게다가 개츠비의 재결합을 돕기로 하는 모습에서 낭만적인 부분이 있다는 것이 드러난다. 처음에 생각했던 것만큼 엄격하지 않은 닉의 도덕성과 이처럼 사소한 인간적 행동들로 인해 독자들은 냉철한 그에게 호감을 갖게 된다. 또한 이러한 열정 발산은 닉에게 전환점이 된다. 이때부터 그는 쉽사리 변화를 받아들이고, 다른 인물들(특히 톰, 더 나아가서 데이지와 조던)은 애써 받아들이지 않는 기분과 감정을 허락한다.

Chapter 5

재회

　그날 저녁 웨스트에그로 돌아오니 파티도 없는데 개츠비의 저택 탑에서부터 지하실까지 불이 밝혀져 있고, 개츠비가 그를 만나러 걸어오고 있는 모습이 눈에 들어온다. 닉은 다음날 데이지에게 전화를 걸어 차를 마시러 오게 하겠다고 말한다. 닉이 돈을 많이 벌지 못하는 것을 알고 있는 개츠비가 '상당한 돈을 손에 넣을 수 있도록' 주선해 주겠다고 제안하지만 닉은 거절한다.

　다음날 닉은 데이지에게 전화를 걸어 '톰은 데리고 오지 말라'는 단서를 붙여 초대하고는 승낙을 받아낸다. 약속한 날이 되자 모든 것이 완전하길 바라는 개츠비는 사람을 보내 잔디를 깎고 꽃을 배달시킨다. 개츠비는 데이지보다 한 시간 먼저 도착한다. 그가 이처럼 긴장하는 모습은 처음이다. 시간에 맞춰 데이지가 도착한다. 닉이 데이지를 집 안으로 데리고 들어와 보니 개츠비는 사라지고 없다. 창백하고 참담한 얼굴로 앞문에 나타난 개츠비는 도착을 알리며 거실 안으로 들어와 데이지를 만난다. 처음에는 딱딱하고 부자연스럽게 예를 갖춰 세 사람 모두 약간 어색해 하지만 차를 준비하면서 아주 편안한 분위기가 된다. 닉은 양해를 구하고 두 사람만의 시간을 주려고 하지만 긴장한 개츠비가 따라 나온다. 닉은 개츠비를 다시 들여보내고 살짝 빠져나가 집 주변을 30분 동안 돌아다닌다.

　닉이 돌아와보니 개츠비는 완전히 딴사람이 되어 있다. 이전의 당혹

스러움이 억제할 수 없는 기쁨으로 바뀌어 새로이 찾은 행복감을 발산하고 있는 것이다. 데이지 역시 예기치 못한 기쁨이 목소리에서 묻어나온다. 개츠비의 요청으로 세 사람은 개츠비의 저택으로 자리를 옮긴다. 데이지는 개츠비가 의도했던 대로 그의 집을 보며 무척 기뻐한다. 그들은 함께 특별한 분위기를 자아내기 위해 취향에 따라 세심하게 꾸며진 이 방 저 방을 돌아다니다가 '하숙생' 클립스프링거를 만난다. 클립스프링거는 세상일에는 관심이 없다는 듯 운동을 하느라 바쁘다. 개츠비는 데이지가 자기 집에 있다는 것이 놀라울 뿐이다. 데이지는 넘쳐나는 개츠비의 셔츠들을 보고는 그 아름다움에 취해 얼굴을 묻고 흐느낀다. 날이 저물 무렵, 개츠비는 데이지에게 자신이 소유한 물질적 안정성을 모두 보여주게 된다. 그러나 닉은 데이지가 그 뜻을 헤아리지 못할 것이라고 암시한다. 그녀가 둔감해서가 아니라 개츠비가 지난 5년에 걸쳐 쌓아온 꿈이 너무 거창하기 때문이다. 5장의 끝에서 닉은 개츠비와 데이지만 남겨둔 채 그곳을 나온다.

5장은 사건의 핵심인 데이지를 향한 개츠비의 꿈을 소개한다. 개츠비는 닉을 통해 지난 5년간의 삶에서 집요하게 추구했던 꿈을 성취한다. 어느 면에서 보면, 그가 해왔던 일은 모두 데이지를 붙잡으려는 일과 연관된 것이었고, 어떤 의미에서 데이지와 개츠비의 만남은 꿈이 실현된 소설의 절정이다. 그렇다면 꿈이 이루어진 후에는 어떻게 될까? 결말 부분에서 역경을 극복한 주인공들이 그 후로 행복하게 살아간다는 식의 여타 소설들과 달리 개츠비는 이토록 일찍 꿈을 실현함으로써 독자들에게 이 작품이 전형적인 자수성가 소설이 아니란 것을 보여준다. 책 후반부는 사람이 꿈을 추구하고, 목표한 바를 얻을 때 어떻게 되는지를 묘사한다. 그 결말이 '그 후로 행복하게' 될 필요는 없다.

5장은 닉이 집으로 돌아와 보니 파티는 없는 것 같은데 개츠비의 집이 '탑에서 지하까지 불이 켜져 있고' 개츠비만 몇몇 방을 둘러보는 것을 발견하면서 시작된다. 닉은 눈에 띄게 불안해 하는 개츠비를 진정시키려고 데이지에게 전화해서 차를 마시러 오도록 초대하겠다고 말한다. 개츠비는 여전히 아무렇지도 않은 척하며 "아 그거 좋군요"라고 답한다. 이제 개츠비가 어떻게 할지 훨씬 더 많은 것(그리고 그가 꿈을 좇느라 지난 5년을 보냈다는 사실)을 알고 있는 닉은 그 만남을 강요하다시피 한다. 개츠비는 감사를 표하려고 닉에게 큰돈을 만질 수 있도록 자기가 거래하는 사람들과 연결시켜주겠다고 제안한다. 물론 개츠비는 지하세계 인맥을 언급하고 있지만 그의 몸짓에서는 무엇보다도 무분별함이 두드러진다. 엄청난 부에도 불구하고 이상하고 비전통적인 형태를 띤 개츠비의 관대함은 그가 소망하는 '세습된 부'와 현실의 그가 얼마나 괴리되어 있는지를 보여줄 뿐이다. 만남이 있는 날 한 시간 전에 도착한 개츠비는 독자에게 처음으로 약점을 언뜻 드러낸다. 그는 만남에 만전을 기하기 위해 닉의 잔디를 깎아주고 온실의 꽃을 통째로 배달시키고, 하얀 플란넬 양복에 은색 셔츠, 금빛 타이를 착용한다. 그의 차림새는 파티와 집, 자동차처럼 새로 얻은 부를 지나치게 상기시켜주는데, 마치 전에는 없었던 한 가지—돈—를 지금은 가졌다는 사실을 데이지가 놓치지 않도록 하기 위한 것 같다.

처음으로 개츠비는 약점과 불안감을 보여준다. 이때까지는 어떤 상황에서도 침착했지만 수년 동안 맞닥뜨린 일 가운데 가장 큰 도전에 직면하자 내보이는 어설픈 행동은 거의 당혹스러울 정도다. 평소에는 점잖은 사람이 어린 소년처럼 겁을 먹고 말을 더듬거린다. 처음으로 제이 개츠비는 자신에 대해 확신을 갖지 못하는 것 같다.

한 번은 긴장해서 벽난로 선반에 있던 고장 난 시계를 떨어뜨리지만 바닥에 닿기 전에 겨우 붙잡는다. 이런 행동의 상징적 특징을 간과하면 안 된다. 긴장한 탓에 일어난 침착하지 못한 사고라고 볼 수도 있지만 그 이상이다. 시계가 멈췄다는 사실은 의미심장하다. 어느 의미에서 때맞춰 특정 시점에 멈춘 그 시계는 가난했을 때는 결코 데이지를 가질 수 없다는 깨달음에 부딪혀 많은 점에서 멈춰버린 개츠비의 삶과 똑같이 영원히 거기에 갇혀 있다. 그는 본질적으로 데이지와의 이상적인 사랑의 꿈에 갇혀 있는 것이다. 이런 분석에 따라 도달한 최종 결론은 개츠비의 꿈이 여러 면에서 (특히 정서적으로) 그의 성장을 가로막았으며, 그는 시계처럼 시간 속에 얼어붙어 현실을 즐기기보다는 꿈을 좇느라 분주했다는 말을 피츠제럴드가 하려는 것이 아닌가 싶다.

오후가 되자 개츠비와 데이지는 서로에게 더 편안해진다. 데이지와 개츠비가 단둘이 시간을 보낼 수 있도록 자리를 피해 주었던 닉이 돌아와 보니 개츠비는 마냥 들떠 있었고, "기쁨의 말이나 몸짓은 없었지만 그에게서 새로운 행복이 발산되어 작은 방을 가득 채웠다." 데이지 역시 그 만남에 감동을 받은 것 같았고, 고통스럽고 슬픔이 밴 아름다운 목소리에서는 행복감이 드러났다. 마음이 편안해진 개츠비는 장소를 자기 집으로 옮기자고 제안한다. 개츠비의 저택으로 가는 도중과 집 안을 통과하면서 데이지가 놀라움을 금치 못하자 개츠비는 좋아서 어쩔 줄을 모른다. 그것들은 개츠비의 의도─데이지에게 감동을 주는 것─를 제대로 이루어주었다. 실제로 개츠비는 '집에 있는 모든 것을 그녀의 사랑스런 눈길을 끄는 반응의 척도에 따라 재평가'할 수 있다. 9장에서 개츠비의 아버지가 아들이 지닌 소유물의 아름다움과 숫자를 근거로 아들을 재평가할 때도 이런 모습이 나타난다는 것을 염두에 두자. 또 하나 기억할 만한 모습은 개츠비가 한 무더기의 셔츠를 꺼내 공중에 던지는 장면이다. 셔츠가 계속 나오자 개츠비는 계속 던진다. 온갖 색상, 온갖 스타일, 온갖 천의 셔츠가 너무도 선명하게 그의 부를 과시하며 방을 뒤덮는다. 부자가 아니라면 어떻게 그토록 많은 셔츠를 가질 수 있겠는가? 늘 물질주의의 과시에 감사하는 데이지에게 셔츠의 충격이 그대로 전달된다. '전에는 그렇게, 그렇게 아름다운 셔츠를 본 적이 없는' 데이지는 거기에 얼굴을 묻고 흐느낀다. 터무니없는 말 같지만 데이지의 진면목을 잘 보여주는 대목이다. 데이지는 잃어버린 사랑 때문에 울지 않는다. 그보다는 눈앞에서 펼쳐지는 명백한 부를 보고 흐느끼는 여인이다.

부두로 가려던 세 사람이 비 때문에 못 가게 되자 그 기회를 잡아 개츠비는 그들이 서 있는 곳에서 바다만 건너면 바로 데이지가 사는 집이라고 말해 주고는, "당신의 집 부두 끝에는 항상 밤새도록 초록 불이 켜져 있더군"이라고 덧붙인다. 이 같은 은밀한 고백은 닉과 (닉에 의하면) 개츠비에게는 그 속뜻이 뻔하지만 데이지는 전혀 깜깜이다. 개츠비의 가장 신성한 의식(儀式)들 가운데 하나를 공유했다는 사실을 알아차리지 못하는 것이다. 그날 이전의 초록색 불빛(희망, 젊음, 전진 동력, 돈)은 그에게 꿈이었고, 그것을 향해 손을 내뻗음으로써 연인에게 더 가까이 다가갔었다. 데이지가 곁에서 그의 팔짱을 끼고 서 있는 지금 그 불은 더 이상 같은 의미를 띠지 못할 것이다. 개츠비의 꿈, 성인의 삶 대부분을 바쳤던 목표는 이제 바뀌어야 한다.

개츠비와 데이지는 5장에서 증명된 것처럼 잘 어울리는 짝이다. 개츠비의 꿈같은 성향이 데이지의 천상의 자질을 훌륭하게 보완한다. 닉의 말처럼, '마법에 걸린 대상들'을 수집하는 개츠비는 감정적인 반응에 따라서만 움직이는 공상적인 데이지에게는 완벽한 배필이다. 데이지는 마치 개츠비의 꿈같은 미래상에 말려든 듯, 개츠비를 창가로 불러 '핑크빛과 황금색으로 파도치는 구름'을 보라며, "핑크빛 구름을 한 조각 가져다가 당신을 거기에 넣고 흔들어보고 싶어요"라고 말한다.

5장이 끝나면서 이성적인 닉은 전체 상황을 기민하게 설명한다. 개츠비의 표정은 그 모든 일에 불만을 나타내는 것일지 모른다고 해석한다. 어쩌면 개츠비도 닉과 같은 생각일지 모르겠지만, 일단 꿈이 이루어지더라도 삶은 계속되어야 한

다. 거짓, 환상을 소생시킨 후에 어떻게 자신의 삶을 재정리하
는 일에 착수할까? 5년 동안 개츠비는 데이지인지 아니면 데
이지란 관념과 사랑에 빠진 것인지 의아스럽다. 그는 집요하
게 꿈을 추구함으로써 머릿속에 시나리오를 구성하고 반드시
실제의 데이지일 필요 없이 자기가 인식하는 데이지를 상상해
낼 충분한 기회를 가졌다. 그는 그녀의 눈을 들여다보고 매혹
적인 목소리를 들으면서 눈앞에 불러낸 환상과 더욱더 사랑에
빠진다. 5장이 끝나면서 데이지와 개츠비가 서로에게 푹 빠지
자 더 이상 그들을 위해 할일이 없는 닉은 두 사람만 남겨둔
채 조용히 그곳을 빠져나온다.

Chapter 6

 **드디어 파티에 데이지가**

　　6장은 기자가 개츠비에게 와서 '할 말이 없는지' 묻는 의혹적인 분위기로 시작된다. 여름이 끝날 무렵에는 개츠비의 신화가 너무 거창해져서 그가 다양한 음모와 책략, 조작에 연루되었다는 소문이 돌았다. 개츠비를 흐뭇하게 만드는 허구다. 원래 개츠비는 제임스 개츠라는 이름으로 세례를 받은 노스다코타 출신이다. 닉이 독자에게 들려주는 개츠비의 진짜 배경은 개츠비가 뉴욕으로 차를 몰고 가는 동안 말한 경력과는 정반대다. 일거리를 찾아 슈피리어 호숫가로 흘러들어온 제임스 개츠는 댄 코디가 요트에서 닻을 내리는 것을 보았던 운명의 날 제이 개츠비가 되었다. 앞서 그는 1년 넘게 먹고 자는 문제를 해결하기 위해 조개도 캐고 연어잡이 등의 일도 했으며, 미네소타 남부에서 대학에도 2주 정도 다녔지만 자기와는 맞지 않는다는 것을 깨닫고 그만두었던 시절을 거치면서 어떤 모습으로 살아갈지에 대한 생각을 형성해 가고 있었다. 닉은 개츠비가 코디를 만나기 전에 이미 그 이름을 준비해 놓았다는 의심이 들지만 그의 삶을 명확히 규정하는 허구를 만들어낼 기회를 준 것은 코디였다. 개츠비에게 몇 가지 질문을 던진 코디는 그가 영리하고 꿈이 엉뚱하게 원대하다는 것을 알고 곁에 두기로 했다. 구리 거래로 거부가 된 코디는 쉰 살이고, 여자를 좋아했다. 그는 개츠비에게 모자며 옷가지를 사주고는 함께 서인도제도와 바바리 해안을 향해 출항했다. 그 후 5년간 개츠비는 요트에서

사무장, 조수, 선장, 비서, 심지어는 간수 노릇까지 하며 대륙을 세 차례나 돌았다. 간수는 자기 술버릇을 잘 아는 코디가 정신이 멀쩡할 때 부여한 임무였다. 코디는 보스턴에서 케이란 여성이 승선하고 일주일 후 불가사의하게 세상을 떠났다.

수주일 동안 주로 조던과 시간을 보내느라 분주했던 닉이 개츠비를 찾아간다. 닉이 도착한 지 얼마 되지 않아 말을 탄 톰 뷰캐넌과 다른 두 사람이 술을 마시러 나타난다. 대수롭지 않은 대화를 나눈 그들은 개츠비를 저녁식사에 초대해 놓고 그가 자리를 비운 사이에 갑자기 떠나버린다. 그들이 순전히 빈말로 했던 초대를 개츠비가 받아들였다는 사실이 다소 어이없다.

톰은 데이지의 최근 행동이 염려스러워 개츠비의 파티에 동행한 것이 분명하다. 개츠비는 뷰캐넌 부부에게 깊은 인상을 심어주려고 참석한 명사들을 일일이 가리키고 여기저기 다니며 톰을 '폴로 선수'라고 소개하는데, 톰이 '아니다'며 몹시 거북해 한다. 개츠비가 데이지와 춤을 추는데, 전례가 없는 일이다. 얼마 후 데이지와 개츠비는 닉의 집 계단으로 자리를 옮겨 30분 동안 둘만의 시간을 갖는다. 그들이 다시 파티에 합류하고 만찬이 준비되자 톰은 다른 사람들과 먹겠다고 말한다. 항상 톰의 속셈을 빤히 알고 있는 데이지는 그 여자가 '평범하지만 예쁘다'며 톰에게 주소를 적고 싶으면 쓰라며 연필을 주기도 한다. 데이지는 개츠비와 보낸 30분을 제외하면 파티가 활기가 없고 뭔가 섬뜩하다는 것을 알아차린다. 뷰캐넌 부부가 떠나고 파티가 끝나자 닉과 개츠비는 그날 저녁에 대해 평가한다. 개츠비는 데이지가 즐기지 못했을까봐 걱정스러워한다. 닉이 "과거는 반복할 수 없지 않습니까?"라고 개츠비에게 주의를 환기시키자 개츠비는 "아뇨, 그럴 수 있고말고요!"라고 현실과는 동떨어진 대답을 한다.

'너무 감상적인 생각'이라 몹시 놀란 닉은 기쁘면서도 넌더리가 난다.

: 풀어보기

문학적 장치 5장이 개츠비가 꿈을 이루는 것을 보여주었다면 6장은 그 꿈이 얼마나 원대한지를 설명한다. 6장에서는 개츠비가 정말로 누구인지, 어디서 왔는지, 신념이 무엇인지에 대해 더 많이 알려지면서 그를 둘러싼 대부분의 신비가 벗겨진다. 개츠비를 만나고 어떤 사람인지 알게 된 닉은 그의 과거에 대한 진짜 이야기를 들려준다. 지금까지 그 같은 사실을 밝히지 않았던 피츠제럴드는 두 가지 목적을 이룬다. 첫째, 긴장감을 뚜렷이 조성하고 독자의 호기심을 자극한다. 둘째, 개츠비의 이미지를 깎아내릴 수 있다. 피츠제럴드가 아무리 교묘하게 폭로를 해도 닉과 마찬가지로 사람들은 개츠비가 본인 주장과는 전혀 사람이란 생각 쪽으로 이끌리는 것이다. 독자들에게 즐거움을 주고 싶은 피츠제럴드는 누군가가 교묘하게 맡은 역할을 잘 해내는 것을 좋아했다. 따라서 독자 역시 개츠비가 편안하게 속보이는 행동을 잘 해온 것에 약간 맥이 빠진다.

6장은 개츠비를 둘러싼 의혹이 팽배해진 상태로 전개된다. 개츠비는 소문 때문에 기자가 자의적으로 조사를 하러 찾아오자 몹시 기쁘다.(기자는 정확히 무엇을 확인하려는 것인지 말하지 않는다.) 여름이 끝나갈 무렵에는 개츠비의 과거에 대한 소문이 무성해져 닉이 이웃─노스다코타 출신의 제임스 개츠─에 대한 사실을 말할 수 있는 완벽한 상황이 된다. 개츠비는 실제로는 창조물, 다시 생명을 얻은 허구다. 개츠비는 '주변머리 없고 성공하지 못한 농사꾼'의 아들인 젊은 중서부 몽상가가 지어낸 인물로 단조로운 일상적인 삶─사실은 한 번도 인정해 본 적이 없는 삶─을 어떻게 빠져나올까 궁리하면서 젊은 시절을 보낸 인물이다. 그는 모험과 낭만적인 이상을 실현하고 싶은 마음이 간절해서 자발적으로 가족을 떠나 자수성가했다. 여러 면에서 개츠비의 이야기는 거지에서 부자가 된 아메리칸 드림의 전형이다. 중부의 별 볼일 없는 곳 출신 젊은이가 비상한 수완과 기지를 발휘해서 원대한 꿈을 이룬 것이다.

그러나 이 같은 아메리칸 드림에는 분명한 부정적 측면이 있다. 개츠비로서의 삶은 댄 코디를 만난 열일곱 살에 시작되었다. 그때부터 그는 몇 년 동안 지구를 돌면서 돈을 벌었다가 잃고 다시 벌고 했다. 그러나 부자가 되었다고 해서 그가 열망하는 사회계급에 속하는 것은 아니다. 물론, 돈이 없으면 넘보지 못할 계층 속에 들어갈 수 있을지는 모른다. 그러나 그는 그들 속에 완전히 섞일 준비가 되어 있지 않다.(5장에서 감사의 표시로 닉에게 수상쩍지만 수지맞는 사업에 줄을 대겠다고 제안하는 모습) 비록 돈이 아메리칸 드림에서 큰 부분을 차지하지만 개츠비를 보면 돈만으로는 충분하지 않다는 것을 알

수 있다. 피츠제럴드는 특히 졸부와 세습된 부의 차이를 분명히 지적한다. 축적한 재산의 정도와는 관계없이 그 돈이 어디서 왔고 얼마나 오래되었는지는 얼마나 가졌는지만큼이나 중요하다.

개츠비의 아메리칸 드림이 내포한 또 다른 부정적 측면은 본질적으로 그의 지적·정신적 성장을 방해했다는 점이다. 제임스 개츠는 개츠비가 태어난 날에 죽었다. 개츠는 슈피리어 호수에서 일거리를 찾다가 댄 코디(그 이름만으로는 낭만적으로 그려진 개척시대 인물 다니엘 분과 '버펄로 빌' 코디의 모습을 떠올리게 한다.)를 만난 때부터 완전한 차원의 허구에 살을 찌우는 작업을 해왔고, 그가 만들어낸 제이 개츠비가 데이지 페이와 사랑에 빠졌을 때 운명이 결정되었다. 개츠비가 데이지를 얻는 데 집착하면서 삶은 그 목표 주변으로 정돈되었다. 어쨌거나 제이 개츠비를 존재하게 만들었는데, 데이지인들 곁에 있도록 하지 못할 이유가 없지 않은가? 그리고 열일곱 살 때부터 죽을 때까지 개츠비가 별로 성장하지 않았다는 점도 지적할 만하다. 꿈들에 단단히 묶여 온갖 대가를 치르면서도 변하지 않고 맹목적으로 그 꿈들을 추구한 것이다. 어떤 의미에서 개츠비의 결정은 훌륭하지만, 허구의 세계 속에서 살면 그 자신에게 해가 되는 시점이 도래한다. 꿈과 목표는 좋은 것이지만 그것들이 몽상가를 소진시킬 때는 그렇지 않다.

개츠비의 배경을 들려준 닉은 개츠비의 집에서 보낸 하루에 대해 말해 준다. 세 명의 말을 탄 사람들(톰, 슬론, 익명의 미인)이 한잔 하러 들렀을 때다. 개츠비는 톰이 데이지의 남편이란 사실을 잘 알면서도 그들을 반갑게 맞이한다. 어떤 의미에서 전개나 목적이 결여된 이상한 막간 사건 같지만, 실상은 댄 코디의 이야기와 제이 개츠비의 진화와 복잡하게 연결되어 있다. 말을 타고 온 사람들의 방문은 여러 면에서 닉이 처음 개츠비의 파티에 갔을 때 3장에서 관찰했던 장면과 유사하다. 당시 파티에서 무리들(그들 대부분이 개츠비를 알지도 못했다.)과 떨어져 있던 때와 똑같이 개츠비는 좁은 장소에서도 혼자 서 있다. 세 사람은 술 마시는 것 외에는 달리 크게 할 일 없이 들렀을 뿐이다. 그들이 개츠비에게 갖는 관심은 미미하다. 짐짓 사교적인 체하며 젊은 여자가 개츠비와 닉에게 일행과 함께 저녁식사를 하자고 청한다. 세 사람은 그 초대가 빈말임을 알고 있지만 개츠비는 아무 생각 없이 응한다. 개츠비의 눈치 없는 행동에 기겁한 그들은 개츠비가 말이 없다며 차로 따라가겠다고 말하고 채비를 하러 간 사이 닉과 인사를 나누고는 서둘러 그곳을 떠나버린다.

이 대목은 몇 가지 귀중한 의미를 내포하고 있다. 첫째, 세습된 부가 얼마나 얄팍하고 천박할 수 있는지를 보여준다. 세 사람의 행동은 놀라울 것이 없다. 둘째, 개츠비는 그들의 말을 진심으로 믿고 액면 그대로 받아들인다. 개츠비의 착한 천성과 몽상가의 성향을 반영하는 자질이다. 셋째, 개츠비가 아메리칸 드림을 실현하더라도 기성 갑부 집단은 결코 그를 받아들이지 않을 것이다. 아무리 노력해도 개츠비는 밀실 밖에 머물러 있으며 무슨 짓을 해도 완전한 접근이 허용되지 않을 것이다. 개츠비를 받아들일 사람은 졸부들뿐이다.

6장의 마지막 사건은 처음이자 유일하게 데이지가 참석한 파티의 끝 무렵으로, 여러 면에서 지금까지의 여느 파티와는 다르다. 그동안 파티를 열었던 목적은 두 가지였다. 데이지의 관심을 얻거나, 그렇지 못하면 그녀를 아는 누군가와 연결되는 것. 지금은 데이지(톰과 함께이지만)가 참석했으므로 파티의 목적이 바뀌어야 한다. 데이지와 개츠비가 점차 스스럼없이 가까워지자 톰조차 데이지가 '혼자 돌아다니는 것'에 위협을 느끼기 시작한다. 파티에서 개츠비는 뷰캐넌 부부에게 유명한 손님들을 가리키면서 감동을 주려고 최선을 다한다. 두 사람은 눈에 띌 정도로 무심한 반응을 보이지만 톰은 쫓아다닐 만한 여자를 찾아낸 후 그나마 즐거운 시간을 보내고, 데이지는 영화배우(여러 면에서 데이지의 자매 같은)의 모습에 이끌리는 것 같다. 대체로 톰과 특히 데이지는 웨스트에그 사람들에게 마음이 가지 않는다. 파티의 '원색적인 생동감'이 역겨워 세습된 부의 감수성을 해친다. 이것 또한 뷰캐넌 부부 같은 부류들이 사회계급을 근거로 사람을 차별하는 모습을 보여준다.

톰과 데이지가 돌아간 후 닉과 개츠비는 그날 저녁 행사를 결산한다. 개츠비는 데이지가 즐겁게 보내지 못했을까봐 걱정스럽다. 항상 신사답고 이성적인 닉은 과거는 과거 속에 있을 뿐 소생시킬 수 없다고 말한다. 이 대목은 개츠비의 "아뇨, 그럴 수 있고말고요!"란 대답을 더욱 인상적으로 만든다. 개츠비는 가공의 성배(聖杯)를 손에 넣으려고 하는 편력기사 같다. 그는 데이지와 재결합의 꿈이 실현되지 않았다면 독자가 알지 못했을 과거 속에 살고 있다. 개츠비가 유약한 인물이라고 말하는 것은 심한 비약이겠지만 피츠제럴드는 현재 속에 융화할 수 없는 주인공을 만들어낸다. 슬프게도 과거가 일상 세계에서는 결코 실현될 수 없는 서사시적인 특질을 띨 때까지 개츠비는 과거를 수정하고 조절하면서 계속해서 과거로 돌아가야 한다. 개츠비는 파티에 참석하고 사회 엘리트와 함께 있을 때처럼 다시 한 번 꿈의 생생함 때문에 어쩔 수 없이 가장자리로 밀려난다.

Chapter 7

개츠비의 사랑과 데이지의 게임

개츠비를 둘러싼 호기심이 최고조에 달했을 때 일상적인 토요일 파티가 돌연 중단되고, 그의 집에 수상한 사람들이 있다는 이야기가 떠돈다. 개츠비의 안부가 염려스러워 그의 집을 찾았던 닉을 맞이한 사람은 험상궂게 생긴 낯선 사람이었다. 식료품점 소년의 말에 의하면 필요한 물건도 전화로 조금씩 주문하는데, 마을 사람들 말로는 하인들 같지는 않다는 것

이다. 다음날 개츠비에게서 전화가 걸려온다. 데이지의 부탁으로 다음날 그녀의 집에서 있을 점심식사에 닉을 초대하기 위해 전화했다는 것이다. 닉은 개츠비가 하인들을 모두 울프심이 보낸 사람들로 바꿨다는 말을 듣는다. 오후 방문이 잦아진 데이지에 대한 뒷말이 돌까봐 염려스러웠다는 것이다. 점심을 먹는 날은 찌는 듯이 더워 참석자들— 데이지, 개츠비, 닉, 조던, 톰—은 생각했던 것보다 훨씬 더 힘들어한다. 톰은 방에서 나가 정부와 통화하고, 데이지는 대담하게 개츠비와 키스하며 사랑을 고백한다. 나중에 데이지가 시내로 갈 것을 제안한 후, 톰은 데이지와 개츠비 사이에 오가는 부드러운 눈길을 목격하고는 더 이상 그들이 바람을 피우고 있다는 사실을 부인할 수 없게 된다.

방금 알게 된 사실에 격분한 톰이 도시로 가자는 제안에 응한다. 그가 위스키 한 병을 수건에 싸서 가지고 나오자 일행은 길을 떠난다. 톰이 데이지를 자기가 모는 개츠비의 차에 밀어 넣으려고 하지만 그녀가 손길을 피한다. 톰, 조던, 닉은 개츠비의 차를 타고, 개츠비와 데이지는 톰의 차로 간다. 개츠비를 계속 의심해 왔던 톰이 그의 뒷조사를 시켰던 것이 밝혀진다. 톰이 차에 연료를 넣기 위해 윌슨의 주유소에 차를 대다가 눈에 띄게 안 좋아진 윌슨을 보게 된다. 윌슨은 '하루 종일 아팠다'며, 이곳에 너무 오래 산 것 같아 서부로 갈 것이라고 말한다. 닉이 보기에는 아직 아내의 연인이 어느 작자인지는 모르지만, 그녀의 은밀한 생활을 눈치 채고 병이 난 것 같다. 아내와 정부를 모두 잃을 신세가 되자 화가 난 톰은 일행이 플라자 호텔에 모인 후 개츠비에게 악의적인 질문을 해댄다. 톰은 데이지에 대한 사랑을 놓고 개츠비와 맞선다. 개츠비는 "당신 부인은 당신을 사랑하지 않소… 한 번도 당신을 사랑한 적이 없소. 데이지는 나를 사랑합니다." 톰은 믿지 못하겠다는 듯이 확인하기 위해 데이지에게 몸을 돌린다. 그러나 데이지는 톰을 사랑한 적이 없다는 것을 정직하게 시인하지 못한다. 개츠비는 앞에서 펼쳐지는 광경에 약간 동요하며―개츠비가 세심하게 쌓아올린 꿈의 붕괴―또 다른 작전을 시도한다. "데이지는 당신을 떠날 거요." 톰은 개츠비에게 데이지는 결코 주류 밀매자 따위 때문에 자기 곁을 떠나지 않을 것이라고 단언한다. 톰은 데이지와 개츠비에게 (개츠비의 차로) 집으로 가라고 경멸조로 말한다. 톰과 조던, 닉은 톰의 차를 타고 뒤를 따른다.

이야기가 조지 윌슨에게로 넘어간다. 이웃 커피점의 미카엘리스는 윌슨의 정비소에 갔다가 앓고 있는 윌슨을 보고는 방에 가서 쉬라고 설득한다. 그때 머리 위에서 소란스런 소리가 들린다. 윌슨은 머틀을 가뒀으며, 이틀 후 떠날 때까지 내버려둘 작정이라고 말한다. 미카엘리스가 자초지종을 묻자 윌슨은 대답하지 않고 오히려 의심스러운 눈초리를 보내며 이상한 질문을 해댄다. 당황한 미카엘리스는 몇몇 노동자들이 자기 가게로 가고 있는 모습을 보고는 얼른 자리를 뜬다. 몇 시간 후 가게 밖으로 나온 그는 머틀이 악 쓰는 소리를 듣게 되고, 잠시 후 어스름한 밖으로 뛰쳐나와 도로로 뛰어든 머틀이 그가 미처 손을 쓰기도 전에 도시를 빠져나가던 차에 부딪히는 광경을 목격한다. 이어 닉, 톰, 조던이 탄 차가 사고 현장을 지나치려다가 정비소 앞 사람들의 표정을 보고 멈춘다. 톰은 죽은 머틀이 담요에 싸여 작업대에 누워 있는 것을 보고 충격에 휩싸인다. 톰은 사고 차에 대한 묘사가 개츠비의 차와 일치하는 것을 알게 된다. 이미 그날 있었던 일로 눈에 띄게 흥분해 있던 톰은 증오하는 남자를 향해 겨우 분노에 찬 말만 더듬거릴 뿐이다.

이스트에그로 돌아온 톰은 닉에게 택시를 기다리는 동안 안으로 들어가자고 하지만 그들에게 다소 염증을 느낀 닉은 거절한다. 뷰캐넌 부부의 집 밖으로 나온 닉은 개츠비가 부르는 소리에 걸음을 멈춘다. 개츠비는 도로에서 무슨 일이 있었는지 묻고, 닉은 자세히 설명해 준다. 몇 마디를 주고받던 닉은 사고 당시에 데이지가 운전했다는 사실을 알게 되고, 개츠비는 자기가 책임을 지겠다고 우긴다. 7장은 기사도와 잃어버린 꿈의 전형인 개츠비가 데이지의 집 밖에서 데이지가 톰을 상대하다가 도움이 필요할 경우를 대비해 밤을 새워 자리를 지키겠다는 말을 하고, 닉이 웨스트에그로 돌아오면서 끝난다.

〈위대한 개츠비〉가 쌓아왔던 모든 것이 이 중요한 장에서 교차로를 향해 모인다. 한때는 느슨하게 연결되었던 모든 길이 한 점으로 강제적이고 운명적으로 모여드는 것. 7장의 소란은 개츠비, 데이지, 톰, 심지어 닉까지 어떤 사람인지를 분명하게 보여준다. 불행히도 네 명 중 세 명에게는 그 폭로가 부차적인 부분이다. 소설 속의 날씨가 점점 더워지고 숨막히게 되면서 피츠제럴드는 마침내 개츠비와 데이지, 톰의 삼각관계 중심으로 다가가지만 모두에 대해 형편없이 말하고 있다. 7장에서는 닉 혼자만 강한 모습을 보인다. 그도 역시 다른 인물들처럼 시험을 당하지만 믿음직스럽게도 긍정적인 측면으로 성장하고 발전한다.

7장은 개츠비와 톰을 나란히 놓는다. 6장에서는 잠시 있었던 반면, 여기서는 정면으로 맞선다. 톰은 구체적 정황은 없지만 더 이상 개츠비와 데이지가 바람을 피우고 있다는 사실을 부인할 수 없다.(그는 불륜을 명확히 꼬집어내지 못하지만, 한 가지 중요한 점은 그 불륜이 개츠비 꿈의 연장선이자 그 꿈과 그 자신을 파멸로 이끈다는 것이다.) 아내의 무분별한 행동에 대해 알게 된 몇 시간 동안, 아내와 정부를 동시에 잃게 될 상황에 직면한 톰은 분노해서 아내의 연인—톰의 눈에는 저질 사기꾼, 결코 과거와 멀어질 수 없는 술 밀매업자—을 격렬하게 공격한다. 톰의 엘리트 사고방식으로 보면 개츠비는 평범하기 때문에 그의 존재는 의미가 없다. 개츠비가 평범한 집안 출신이란 사실은 결코 바뀌지 않는 것이다.

7장의 끝에서 개츠비는 완전히 노출된다. 신비에 싸인 소문과 자수성가의 신화는 물거품처럼 사라진다. 모든 환상이 벗겨진 개츠비는 데이지의 집 밖에서 나약한 모습으로 비참하게 혼자 서 있다. 늘 그랬듯 개츠비의 위엄으로 장을 시작하지만 톰과 부딪히면서 제이 개츠비의 환영은 추락하기 시작한다. 꿈을 꾸면서 보낸 몇 년간 개츠비는 뜻대로 하지 못할 일이 있을 것이라고는 한 번도 의심해 본 적이 없다.(꿈의 본질이 그렇듯 남들이 그 꿈을 훼방 놓는 것은 상상도 하지 않는다.) 따라서 계산에 넣고 있지 않았던 사람들과 다투게 되자 그는 갈팡질팡하면서 어떻게든 꿈을 붙잡으려고 한다. 그 꿈은 어떤 의미에서 개츠비에게는 유일한 현실이다. 꿈 없이는 (슬프게도) 더 이상 자신을 규정할 수가 없으므로 꿈은(심지어 그 꿈의 절정을 지나쳤을 때조차) 어떤 대가를 치르더라도 유지되어야 한다. 꿈을 건지려는 개츠비의 마지막 노력은 데이지가 결코 톰을 사랑한 적이 없다는 것을 인정하게 하려고 한 이후에 이어진다. 데이지가 실제로 톰을 사랑했었다고 시인하자 포기하고 싶지 않은 개츠비는 갑자기 톰에게 "데이지는 당신을 떠날 거요"라며, 상황을 더욱 진전시킨다. 톰은 가당치도 않다며, 개츠비에 대해 알아낸 사실 몇 가지를 주워섬긴다. 개츠비는 변명하려 하지만 자기 생각에 빠져 있는 데이지 귀에 들릴 리 없다. 톰은 데이지와 개츠비에게 개츠비의 차를 타고 집으로 돌아가라고 말한다. 톰의 명령을 따름으로써 두 연인은 사실상 패배를 시인하고 개츠비의 꿈은 흩어진다.

여기서는 개츠비에 대한 진짜 정보 외에 데이지의 참모습도 보게 된다. 데이지는 비교적 말이 없다. 그러나 그 말과 나중에 보여주는 행동은 그녀의 대외적 인격을 영원히 바꿔놓는다. 전 장에서 데이지는 수줍고 사랑스러운 반면, 약간 활기 없는 듯하면서도 분명히 매력적이지만 여기서는 좀 더 깊이가 있다. 그러나 표면 아래 있는 것이 반드시 선하지는 않다. 데이지가 개츠비와 바람을 피운 이유는 개츠비가 그녀와 사랑에 빠진 것과는 전혀 다르다. 7장 앞부분에서 톰이 방을 나가자 대담하게 개츠비에게 키스를 하면서 "내가 당신을 사랑하는 거 알죠?"라고 닉과 조던이 들을 수 있을 정도로 큰 소리로 말함으로써 사실상 개츠비와 놀아나는 목적이 남편에게 앙갚음하기 위한 일종의 게임이란 것을 보여준다.(호텔에서 톰의 거친 질문에 대한 데이지의 반응 또한 이런 생각을 뒷받침해 준다.) 데이지의 또 다른 바람은 평화를 유지하는 것이다. (그러나 왜 그녀가 톰과 개츠비를 함께 같은 자리에 데리라고 나갔는지 의아스럽다.) 찌는 듯한 더위를 피해 모든 사람을 즐겁게 하려고 파티를 시내로 옮기자고 제안한 것은 데이지였다. 그러나 이상한 일들은 항상 무한한 가능성의 땅인 도시에서 일어난다. 장소가 바뀌면 행동 또한 바뀐다.

파티가 중립적이면서도 마법적인 도시로 옮겨감에 따라 드러나기 시작하는 데이지의 참모습은 개츠비의 희망 한 부분에 치명타를 안기면서 절정에 이른다. 어떤 의미에서 개츠비가 톰의 심술과 분노에 어쩔 수 없이 허둥대도록 내버려둔 것은 배신이다. 이처럼 마침내 7장의 끝에서 순수의 가면이 벗겨지고 데이지의 본모습이 노출된다. 그녀의 무모함으로 머틀이 처참하게 목숨을 잃는데, 설상가상으로 사실상 머틀을 죽이려고 했다는 느낌도 감지된다. 개츠비는 연인이 사람을 치어 죽였을 뿐 아니라 뺑소니를 쳤다는 사실을 인정하기가 힘들다.

개츠비의 대형 차에 머틀이 죽은 것은 분명 사고가 아니다. 자세한 것은 불분명하지만 그 사건을 통해 피츠제럴드는 분명한 메시지를 보내고 있다. '죽음의 자동차'인 개츠비의 차는 미국 물질주의의 명백한 표시로서 상징적 의미를 지닌다.

가장 크고 화려한 차를 타고 다니는 것보다 더 확실하게 재력
을 과시하는 방법이 어디 있겠는가. 머틀이 비참하게 목숨을
잃은 것은 비극이지만 물질주의가 그녀의 종말을 불러왔다는
것을 깨달으면 그 죽음은 더 큰 의미를 띤다. 2장에서 만난 머

틀은 분명히 부와 특권을 갈망한다. 그녀는 돈이 제공하는 모든 물질적 안락함을 원하며 다른 사람들(여동생이나 닉 혹은 매키 등)에게 뽐내면 그만이다. 그리고 톰과 바람을 피운 것도(물질적인 것을 모두 손에 넣을 수 있게 해주는) 돈에 대한 욕망 때문이었다.(처음에도 톰의 멋스러운 차림새 때문에 연애를 시작했다.) 머틀의 죽음은 슬프게도 시적이다. 수단과 방법을 가리지 않고 물질을 소유하느라 일생을 보낸 그녀는 사실상 그 욕망 때문에 죽게 된 것이다. 피츠제럴드는 물질적인 것들에 지나치게 의존하면 긍정적인 해답을 얻지 못한다고 말한다. 물질주의는 머틀을 통해 볼 수 있듯 비극을 낳을 뿐이다.

월슨 역시 7장에서는 비중이 커지는데, 다음 장에서 제 역할을 하도록 만들기 위한 작업이다. 월슨은 꼭 선하다고 할 수는 없지만 순수하다. 아내의 비밀스런 생활을 알아차리고 진정으로 고민에 빠졌지만, 가진 것도 뛰어난 지혜도 거의 없는 그는 어찌해야 할 바를 모른다. 머틀을 깊이 사랑하고 있다는 점만은 분명하다. 사실, 그 사랑이 너무 깊은 나머지 아내가 도망가지 못하도록 방에 가두어놓을 정도다.(월슨은 이틀 후 아내를 데리고 서부로 갈 계획이다. 다시 한 번, 피츠제럴드가 서부를 더 순수하고 분별력 있는 곳으로 생각한다는 것을 보여준다.) 월슨은 톰과 반대편에 서게 되는 인물이다. 한 사람은 부유하고 다른 한 사람은 가난하지만, 여전히 두 남자가 처음에는 아내의 간통에, 나중에는 머틀의 죽음에 반응하는 방식은 공통점이 많다. 그러나 결국 가난한 남자의 슬픔이 더 강렬하고 진심어린 것으로 드러난다.

7장에서 닉은 처음 등장했을 때보다 더 나은 모습으로 발전하는 유일한 인물이다. 닉은 이 장에서 서른 번째 생일을 맞는다.(이 책이 출간될 때 피츠제럴드는 29세였다. 따라서 동년배인 서른 살을 화자의 중대 시점으로 보았던 것 같다.) 닉에게 그 변화는 젊은 이상주의(심지어 무지)에서 벗어나는 길목을 나타낸다. 앞의 장들처럼 7장을 시작한(뷰캐넌 부부와 그들이 나타내는 것에 약간 불편해 하지만 적극적으로 반대 입장을 취하지 않는다.) 닉은 끝부분으로 가는 동안 데이지, 톰, 조던이 어떤 사람인지 분명히 보았다. 머틀이 죽은 후 닉은 분명히 흔들렸고 도덕적 양심을 지닌 사람으로서 자신의 삶과 주변 사람들을 바라보았다. 세 사람(톰, 조던, 닉)이 집으로 돌아왔을 때 톰은 닉에게 타고 갈 택시를 부를 테니 들어와서 요기나 하라고 말한다. 닉은 "들어가면 내가 사람이 아니다. 하루 동안에 이 사람들 모두한테 완전히 질렸다"고 독자에게 말한다. 닉의 변한 모습을 보여주는 대목이다. 마침내 분명한 도덕적 입장을 가질 정도로 성장한 것이다. 뷰캐넌 부부에 대한 견해가 분명해지고 계속 무르익어 마침내 견딜 수 없게 되자(소설이 끝날 때쯤) 닉은 중서부로 돌아간다.(다시 한 번 피츠제럴드는 중서부를 유토피아로 그린다.)

이 장의 마지막 장면은 아마도 작품 전체에서 가장 애처

로울 것이다. 어떤 독자들에게는 심금을 울릴 것이고, 어떤 독자들에게는 진정한 제이 개츠비를 보여주는 순간이다. 데이지와 이스트에그로 돌아온 개츠비는 그녀의 집 밖 숲에서 서성대다가 그녀의 집에서 나오는 닉을 부른다. 달빛 속에서 밝게 빛나는 핑크빛 양복차림이 섬뜩하다. 닉이 무엇을 할지 묻자 몽상가 개츠비는 데이지가 도움을 청할 경우를 대비해서 밤새 자리를 지키겠다고 말한다. 개츠비는 이전에도 편력기사의 모습을 띠었지만 데이지를 위해 기꺼이 목숨을 바치려는 지금 이 순간보다 분명하게 원정(실패할 운명의 원정) 길에 오르는 모습은 처음인 것 같다.(게다가 깨어진 꿈이 무슨 소용 있는가? 더 이상 무엇을 위해 살겠는가?) 개츠비는 모르지만 닉은 집 밖에서 기다릴 필요가 없다는 것을 분명히 알고 있다. 데이지가 톰과 분란을 일으킬 가능성은 없다. 호텔에서의 톰과 데이지의 행동은 그들이 같은 부류의 사람이고 위기의 순간에는 한통속이 되리란 것을 확실하게 보여준다. 데이지는 개츠비의 감정을 잘 모르는(아니면 무관심한) 것 같다. 톰은 머틀의 죽음을 슬퍼하면서도 자신의 사회계층에 속하지 않는 사람 ― 버릴 수 있는 대상 ― 을 대하듯 한다. 꿈이 죽어버려 허둥대는 개츠비는 데이지의 집 앞에서 성인이 되면서 알게 된 모든 것의 마지막 조각을 붙들고 그녀가 불러주기를 고대하며 서성이고 있다. 불행히도 그에게는 긴 밤이 될 것이다.

Chapter 8

 개츠비의 죽음

닉은 개츠비가 뷰캐넌 부부의 집 앞에서 밤샘을 하고 택시로 돌아오는 소리에 잠을 깬다. 그리고는 뭔가를 말해 줘야 한다는 생각으로 옷을 챙겨 입고 개츠비의 집으로 간다. 닉은 개츠비의 차가 '죽음의 자동차'로 밝혀질 것이 확실하므로 한동안 이곳을 떠나라고 제안한다. 그 말을 듣고 개츠비가 댄 코디와의 이야기를 비롯해 과거를 밝힌다. "제이 개츠비가 톰의 단단한 심술에 부딪혀 유리저럼 깨졌기 때문이다." 네이시는 개츠비보다 사회적으로 우월했지만 둘은 열렬히 사랑했다. 구혼할 때는 그간 깊은 관계를 맺어왔기에 개츠비는 이것을 움직일 수 없는 연분으로 보고 데이지와 '결혼했다'고 느꼈다는 것을 독자들도 알게 된다. 개츠비는 데이지를 떠나 전쟁터로 향한다. 그는 전쟁이 끝나자 귀향하려 했지만 무공이 혁혁하고 뭔가 일이 꼬여 옥스퍼드로 가게 되었다. 데이지는 그가 왜 곧바로 돌아오지 않는지 이해하지 못했고, 시간이 흐르면서 관심은 멀어져 결국 관계는 깨지고 말았다.

개츠비와 닉은 데이지에 대해, 그리고 개츠비가 프랑스에서 귀국하자마자 루이빌로 가서 데이지를 찾았던 이야기를 계속 나눈다. 데이지는 신혼여행중이었고, 개츠비는 그녀와의 추억이 깃든 곳을 헤매고는 좀더 열심히만 살피고 다녔더라면 그녀를 찾을 수 있었으리란 아쉬움을 안고 그곳을 떠났다.

그들이 아침식사를 마치고 현관으로 나가자 개츠비의 정원사가 온다. 정원사는 여름이 끝났기 때문에 수영장의 물을 뺄 예정이라고 말한다. 개츠비는 풀장을 사용하지 않았으니 기다리라고 요구한다. 닉은 천천히 기차역으로 간다. 개츠비를 혼자 두고 싶지 않아 시내로 가는 기차를 여러 대 놓친다. 더 이상 미룰 수 없게 된 닉은 악수를 하고 발길을 재촉하다가 뒤를 돌아보고 충동적으로 선언하다시피 말한다. "저들은 썩어빠진 무리들입니다 … 당신은 저 시시껄렁한 떼거리들을 전부 합친 것만큼 값어치가 있어요."

닉에게 그날은 더디게 간다. 그는 어제 일에 사로잡혀 마음이 편치 않다. 조던이 전화해서 만나자고 하지만 일이 있다며 끊는다. 닉은 개츠비에게 여러 차례 전화를 걸지만 연락이 닿지 않자 일찍 집에 찾아가기로 한다. 이야기의 시간과 초점이 전날 저녁 재의 골짜기로 다시 이동한다. 미카엘리스가 윌슨에게 말을 시켜보려 하지만 머틀의 죽음에 낙담한 그는 제정신이 아닌 것 같다. 아침이 되자 지친 미카엘리스는 잠을 자러 귀가한다. 4시간 후 다시 돌아왔을 때, 윌슨은 이미 집을 나와 루스벨트 항구, 개즈 힐, 웨스트에그를 거쳐 개츠비의 집에 당도했고, 풀장에서 매트리스 튜브 위에 떠 있는 개츠비를 발견하고는 그가 아내를 죽였다고 확신하고 총을 쏜다. 닉은 풀장에 떠 있는 개츠비의 시체를 본다. 여럿이 시체를 들고 집으로 옮기는데 정원사가 좀 떨어진 잔디에서 윌슨의 시신을 발견한다.

8장은 개츠비가 조지 윌슨의 총에 맞아 죽는 아메리칸 드림의 비극적인 면을 보여준다. 죽음을 예기치 못한 것은 아니

지만 잔인하다. 이상주의의 본보기가 생명을 다한 것. 개츠비 신화는 이야기를 중계하는 닉 덕분에 계속되겠지만 그의 죽음은 시대의 종말을 큰소리로 선언한다. 여러 가지 의미로 개츠비는 우리 모두의 내면 속에 있는 몽상가다. 비록 개츠비가 꿈을 추구할 때 격려했던 독자들이라도 순수한 이상주의 또한 혹독한 현대 세계에서 살아남을 수 없다는 것을 잘 알고 있다. 8장은 9장과 함께 사실상 개츠비의 죽음을 방관한 세상에 대해 빈틈없는 논평을 펼친다.

이야기가 시작되면서 닉은 직접 그 상황과 씨름하며 무엇이 옳고 그른지 파악한다. 이것이 닉을 인간답게 하고 다른 무정한 인물들보다 돋보이게 만드는 점이다. 아침까지 기다리면 (그 사이 뭔가 나쁜 일이 일어나면) 늦을 것 같은 예감이 들자 닉은 서둘러 개츠비에게 간다. 닉은 항상 다른 인물들보다 주변 세계에 더 분별 있고 예민해서 어떤 큰일이 일어날 것을 미리 감지한다. 뭐라 꼭 집어 말할 수는 없지만 도의적인 감정이 닉을 개츠비의 집으로 이끈다. 데이지를 위해 집 밖에서 대기할 필요가 없었다는 닉의 말에 놀라는 듯한 개츠비의 모습은 다시 한 번 그가 데이지에 대해 전혀 모른다는 사실을 보여준다.

담배를 찾아 큰 방들을 여기저기 뒤지며 다니는 닉과 개츠비의 모습은 독자에게 호감을 준다. 닉은 개츠비에게 진심 어린 관심과 걱정을 보이며, 경찰에서 곧 사고차를 찾아낼 테니 잠시 딴 곳에 일주일 정도 다녀올 것을 제안한다. 8장 내내 닉은 특별한 이유 없이 개츠비에게 이끌리면서 진정한 열의를 보여주지만, 개츠비는 그 상황에서 슬기롭게 헤어나지 못한다. 꿈을 잃고 낙담한 그는 나약하고 무기력해진다. 마치 의도했던 결과가 나타나지 않았다는 사실을 받아들이기 싫은 듯한 모습이다. 수많은 세월 동안 자신을 지탱해 준 환영이 사라져 허전하고 공허하다는 사실을 인정하지 않는 것이다.

그들이 환영과도 같은 담배를 찾아 집을 뒤지는 동안 개츠비가 진짜 이야기를 들려준다. 처음으로 개츠비는 삶에 대한 낭만적 시각에서 벗어나 도망치려 했던 과거와 역시 회피하려 했던 현재와 마주한다. '데이지는 그가 알았던 여자들 가운데 최초의 훌륭한 여자'였기 때문에 개츠비를 사로잡은 것으로 드러난다. 그는 숨겨진 다양한 능력을 발휘해서 상류층 사람들과 교제했지만 거기에는 눈에 보이지 않는 철조망이 놓여 있었다. 개츠비는 데이지의 매력에 흠뻑 빠졌고, 그녀는 그가 열망했던 세계 속으로 들어왔다. 그리고 다른 상류층 사람들과 달리 그 세계에 있는 그를 인정했다. 데이지와의 깊은 관계는 일찍 시작되었다. 개츠비는 인정하지 않지만, 그때 그는 당사자인 데이지뿐 아니라 데이지가 가진 것, 데이지가 상징했던 것을 보고 그녀를 잘못 규정했다. 구애기간 초기 내내 개츠비는 데이지에게 안정된 삶을 안겨줄 자산가라고 믿게 만들기 했지만 '(장교라는) 엄청난 우연으로 데이지의 집에 있게 되었다'는 것을 알고 있는 그는 하찮은 자신의 처지 때문에 고뇌했다. 군복을 벗게 되면 당장이라도 혈혈단신으로 세상에 내동댕이쳐질 신세가 바로 자기의 본모습이었던 것. 애초에 개츠비는 데이지를 이용할 속셈이었지만 그렇게 할 수 없다는 것을 알고 있었다. 그들의 관계가 깊어졌을 때도 여전히 스스로를 하찮다고 생각했던 개츠비는 깊은 관계를 통해 데이지와 하나가 되는 것이 아니라 자기가 그녀에게 가치 있는 사람이란 사실을 증명하기 위한 탐색 여행에 집착하고 있다는 것을 알아차렸다.(개츠비의 판단력이 사회적 기대치로 흐려져 열정과 추진력, 인내심을 지닌 이상주의적인 젊은이가 데이지를 열 명 합친 것보다 더 가치 있다는 사실을 모른다는 것이 정말 애석하다.)

　데이지에 대한 사랑에 관한 한, 개츠비는 덫에 걸려 있었다. 개츠비는 데이지를 사랑했고, 데이지는 개츠비를 사랑했지만, 더 정확히 표현하자면, 개츠비는 자기가 마음속에 그리고 있는 그 모습을 사랑했고, 데이지는 그가 자기에게 보여주는 외적 인격체를 사랑했다. 문제는 거기에 있었다. 데이지와 개츠비는 둘 다 계획된 이미지와 사랑에 빠졌던 것이다. 데이지는 처음에 이것을 인식하지 못한 반면, 개츠비는 인식했고, 그로 인해 곧장 꿈의 세계로 떠밀려 들어갔다. 전쟁이 끝난 후 개츠비는 데이지에게 돌아올 수도 있었다. 그러나 한 가지 곤란한 점은 데이지와 함께 지내려면 사기꾼이란 사실이 드러날 위험을 감수해야 한다는 것이었다. 따라서 눈앞에서 꿈이 허물어지도록 하느니 귀국 전에 옥스퍼드에서 공부함으로써 그 꿈을 영속시켰다. 데이지는 개츠비가 빨리 돌아오지 않는 이유를 이해하지 못하고 귀국을 간청하는 편지를 썼다. 데이지는 전국을 휩쓸고 있는 전후(戰後) 행복감이 그리웠고, 멋진 제복을 착용한 장교가 곁에 있기를 원했던 것이었다. 결국 그녀는 삶이 제 모양을 갖춰야 한다는 필요성을 느끼고 갑자기 이 사람 저 사람과 만나기 시작했다. 그러나 데이지가 심지가 부족하다는 사실은 사랑, 돈, 또는 현실적인 일(어느 쪽이든 편리한 것)을 고려해서 삶의 방향을 결정할 때 드러난다. 데이지는 결혼을 원했다. 그때 톰이 나타났고 확실한 선택인 것처럼 보이자 그녀는 옥스퍼드에 있는 개츠비에게 편지를 보냈다.

그 편지를 받고 개츠비가 귀국한 것이 밝혀진다. 데이지가 결혼했으므로 자기 실체가 밝혀지더라도 두려워할 필요가 없었기 때문이었던 것 같다. 개츠비는 데이지가 얻을 수 없는 사람이란 것을 아주 잘 알면서도 사랑을 늘 간직하고 있었다. 어느 면에서 그는 그것을 인정하지 않는 듯하지만, 데이지의 결혼은 개츠비를 홀가분하게 만들어주는 완전한 해결책이었다. 이제 그녀는 다른 사람과 결혼했으니까 그가 정말 얼마나 가난한지 알 필요가 없어졌기 때문이다. 그는 군에서의 마지막 월급을 가지고 루이빌로 가서 참담하지만 거부할 수 없는 원정을 본격적으로 시작하고, 그 순간부터 데이지 페이와 함께 지내는 동안 빠져 있던 아름다움을 다시 찾으려고 노력하며 삶을 살아간다.

닉은 개츠비의 이야기를 듣고 감동하며, 그날은 친구를 걱정하면서 보낸다. 사무실에 출근한 닉은 필사적으로 업무에 집중하려고 하지만 마음먹은 대로 되지 않는 것 같다. 닉은 (개츠비의 이야기와 전날 일들을 통해) '정중한 사회'의 얄팍함을 알게 되었다는 사실을 깨달았고, 일면 고민을 한다. 난데없이 튀어나온 몽상가 개츠비는 꿈일지언정 열정을 가지고 뭔가에 진정으로 신경을 쏟는데, 뷰캐넌 부부와 조던 같은 사람들에게서는 찾아볼 수 없는 자질 아닌가. 실제로, 닉은 조던이 전화를 걸어 어젯밤 자기에게 친절하지 않았다며 살짝 투정하자 그 얄팍함과 자기중심적인 태도에 화가 나는 것을 억누르며 마지못해 통화하고, 만나자는 약속도 핑계를 대고 거절한다. 닉은 조던을 거부함으로써 사교계 명사들의 어두운 실제 면면을 알게 될 뿐만 아니라 그것에 저항하는 용기도 갖게 될 만큼 성장했다.

8장 중간에서 닉은 재의 골짜기로 초점을 이동해서 전날 윌슨의 집에서 일어났던 일을 자세히 설명한다. (가슴으로 느껴지는 감정을 경험할 수 없는) 톰 뷰캐넌과 정반대로 윌슨은 아내를 잃은 슬픔을 이기지 못하고 망연자실한 상태다. 이웃 미카엘리스가 그를 위로하려 하지만 아무 소용없다. 그는 정신의 공허와 생명의 공허를 제대로 상징하는 폐허에 살고 있다. 윌슨은 미카엘리스에게 머틀과 함께 지낸 마지막 날에 대해 말하면서 위에 보이는 커다란 광고판으로 몸을 돌린다. 윌슨은 T. J. 에클버그 박사의 눈이 왜 큰지를 설명한다. 그 눈은 하나님의 눈이다. 그리고 "하나님께서는 모든 것을 보고 계신다."

윌슨의 슬픔은 그칠 줄 모른다. 그는 미카엘리스가 집으로 돌아가 잠을 자고 있는 동안 이곳저곳 개츠비를 찾아다닌다. 피츠제럴드는 8장 앞부분에서 가을이 가까이 왔다고 했다. 그것은 당연히 생명 ― 자연과 인간 둘 다 ― 의 종말을 가져온다. 윌슨은 슬픔과 그 슬픔이 끄집어낸 그릇된 판단에 따라 개츠비가 아내를 죽였다고 오해하고 집으로 찾아가 살해한다.

　　풀장에서 외롭게 맞이한 개츠비의 죽음은 두 가지 뚜렷한 이미지를 불러일으킨다. 그의 죽음은 한편으로는 일종의 부활이다. 개츠비는 꿈을 좇는 일 외에는 아무것도 하지 않았고, 그의 돈과 수상쩍은 거래에도 불구하고 함께 어울리는 이스트에그 명사들과는 전혀 다르다. 역사적으로 몽상가들을 푸대접하는 세상에서 꿈을 놓지 않고 있는 그의 능력만으로도 그를 좋아하는 사람이 있다. 죽음은 어떤 의미에서 그에게서 이승의 삶을 제거하고, 다른, 희망컨대 더 나은 삶으로 부활시켰다. 닉이 말하듯 개츠비는 그의 꿈이 죽었을 때 '옛날의 따뜻한 세계를 상실했다고 느꼈을 것이 틀림없고', 따라서 계속 살아갈 이유를 찾지 못했던 것이다. 그런 의미에서 월슨이 개츠비를 살해한 것은 환영할 만한 종말이다. 또 다른 면으로, 개츠비는 조지 월슨의 손에 죽음으로써 편력기사의 원정을 완수한다. 그의 꿈은 완전히 죽었지만 기사도적 몸짓 하나가 남아 있다. 데이지 대신 목숨을 내놓는 것이다. 풀장에 누워 있는 개츠비는 마치 자기 앞에 놓인 것은 무엇이든 거부하지 않고 받아들이겠다는 듯한 모습이다. 어떤 의미에서는 적극적인 방어에 나서지 않음으로써 월슨을 돕는다고 하겠다. 끝까지 개츠비는 몽상가, 현대 세계에서 가장 희귀한 보석으로 남는다.

Chapter 9

 쓸쓸한 장례식

경찰과 파파라치, 신문기자들이 개츠비의 집을 홀랑 뒤집어놓는다. 개츠비의 장례를 처리할 더 가까운 누군가가 있을 것이라고 생각하는 닉은 매장 준비를 하면서 걱정스러워한다. 개츠비의 죽음을 알리려고 데이지에게 전화를 걸었던 닉은 톰과 데이지가 일정이나 연락처도 남기지 않고 여행을 떠난 것을 알게 된다. 닉은 점점 화가 치밀면서 개츠비를 위해 '누군가를 데려와야겠다'고 느낀다. 그는 개츠비가 안치된 방으로 들어가서 이토록 외롭게 저세상으로 보내지 않겠다고 다짐하고 싶었다. 닉은 울프심에게 전화연락을 시도하지만 허사다. 다음날 개츠비의 친구들이 모이기를 바라며 메이어 울프심을 부르러 사람을 보낸다. 그런데 울프심이 장례식에 참석하지 못하겠다는 편지를 보내오자 닉은 몹시 당황한다. 그날 오후 늦게 개츠비의 집 전화가 울린다. 시카고 장거리 전화란 안내에 닉은 마침내 데이지에게 연락이 닿았구나, 하고 생각했지만 남자였다. 채권 어쩌구 하던 사내는 닉이 개츠비가 죽었다고 말하자 아무 말 없이 전화를 끊는다.

미네소타에 있는 헨리 C. 개츠로부터 전보가 도착한 것은 개츠비가 죽은 지 사흘 후였다. 당장 출발할 테니 자기가 갈 때까지 장례를 연기해달라는 것. 그는 아들의 죽음을 시카고 신문을 보고 알았다고 했다. 개츠 씨는 "지미는 항상 동부를 더 좋아했다"며, 시신을 중서부로 가져가지 않

으려고 한다. 그날 저녁 클립스프링거가 전화를 하자 다음날 장례식에 참
석할 문상객이 한 사람 더 늘어날 것이라며 안심했던 닉은 자기 테니스
신발에 대해 물어보려고 전화했다는 것을 알고 그냥 끊어버린다. 장례식
날 아침 닉은 다시 개츠비의 가장 절친한 동료가 꼭 참석해 주길 바라는
마음에서 울프심의 사무실로 간다. 울프심은 개츠비와의 관계에 대해 들
려준다. 무일푼이었던 개츠비의 학력과 싹수를 알아보고 사업을 시작하

게끔 해준 정도가 아니라 자기 사업에 끌어들여 재산가로 만들어준 장본인이 자기라는 것이다. 닉이 둘도 없다는 친구의 장례식 참석을 종용하자 울프심은 눈물을 흘리며, '그 일에 말려들고 싶지 않다'면서 다시 한 번 거절한다. 젊었을 때는 그렇지 않았다는 울프심의 말에 뭔가 나름의 이유가 있을 것으로 생각한 닉은 자리에서 일어난다.

옷을 갈아입고 개츠비의 집으로 돌아온 닉은 개츠 씨가 집 안 이곳저곳을 샅샅이 돌아보면서 점점 더 뿌듯해 하는 것을 알게 된다. 아들이 보내준 저택 사진을 내보이며 한참을 자랑하던 개츠 씨는 어린 시절 지미가 지녔던 〈호펄롱 캐시디〉을 꺼내 개츠비가 면지에다 연필로 써놓은 일과표를 보여주면서 자기 발전을 위해 노력했던 아들의 열정을 설명한다. 목사가 도착하고, 30여 분을 더 기다렸지만 아무도 나타나지 않는다. 다섯 시, 빗속에 운구차를 따라 두 대의 차가 묘지 앞에 당도한다. 차에서 내려 묘지로 향하는 사람들은 닉, 개츠 씨, 너더댓 명의 하인들과 우편배달부가 전부다. 비에 흠뻑 젖은 모습들. 닉은 개츠비의 고독한 죽음에 담긴 씁쓸한 부당함에 충격을 받는다. 개츠비의 파티에 찾아와 즐기던 그 많은 사람들은 모두 어디로 갔단 말인가. 그나마 뒤늦게 3개월 전쯤 개츠비의 서재에서 보았던 '올빼미 눈'이라고만 알려진 사내가 차에서 내려 운구행렬을 향해 흙탕물을 튀기며 오고 있다.

이어 닉은 예비학교와 대학 시절 크리스마스에 고향으로 돌아오면서 서부로 여행했던 기억을 떠올린다. 그는 기차가 점점 서부로 이동하면서 마치 자기만의 특별한 곳으로 돌아오고 있는 듯 점점 편안해졌다. 이런 기억과 함께 닉은 중서부의 장점과 동부의 악덕에 대해 생각한다. 닉은 서부로 떠나기 전에 조던과 만나 그들에게 있었던 이야기를 나눈다. 그 사이 조던은 약혼을 했단다. 닉은 잠시 의심이 들었지만 마음만 먹으면 언제든지 결혼할 능력이 있는 여자란 생각이 든다. 그는 그녀에게 여전히 호감을 느끼면서도 미안한 마음을 안고 돌아선다. 마침내 어느 가을 날 5번 가에서 톰을 만난다. 앞서 걸어가던 톰이 쇼윈도를 들여다보다 우연히 닉을 보고 말을 건네며 손을 내민 것이다. 닉은 톰 같은 부류의 사람들에게 화가 나서 악수를 하지 않는다. 잠깐 대화를 나누는 과정에서 닉은 톰이 개츠비의 죽음에 일조했다는 것을 알게 된다. 뷰캐넌의 집을 찾아간 윌슨에게 겁을 먹고 머틀을 친 차의 소유주가 누구인지 말해 주었던 것. 톰과 헤어지면서 닉은 불현듯 마치 아이와 이야기를 나눈 것처럼 느껴져 악수를 한다.

웨스트에그를 떠나 서부로 돌아갈 때가 왔다. 짐도 싸고 차도 팔았다. 떠나기 전날 밤, 닉은 마지막으로 개츠비의 집을 찾아가 이곳저곳 둘러본다. 그는 해변을 걷다가 앉아 많은 사람과 호화 파티로 흥청대던 예전 개츠비의 집을 머릿속에 떠올린다. 그리고 개츠비가 어둠 속에서 데이지의 선창을 알아보고 얼마나 경이로워했을지, 이 잔디밭에 서기까지 얼마나 먼 길을 왔을지, 그리고 항상 미래에 대해 어떤 희망을 품어왔을지 생각해 본다. 닉은 사회를 해협의 물살을 거스르며 쉬지 않고 과거로 가는 배와 결부시킨다.

9장은 8장에서 시작된 주제를 견지하며 독자에게 아메리칸 드림의 추악한 면을 마주하도록 한다. 그동안 개츠비는 아메리칸 드림을 성취한 본보기였다. 돈, 재산, 독립,

그리고 그의 주변에 있고 싶어하는 사람들을 가졌다. 개츠비의 장례는 9장에서 무대의 중심을 차지한다. 도덕적인 모습을 계속 보여주는 닉을 제외하고 피츠제럴드가 폭로하는 살아 있는 사람들의 허약한 도덕성은 심지어 개츠비의 비밀보다 훨씬 더 나쁘다.

9장이 시작되면서 닉은 독자에게 살인 사건이 일어난 이후에 벌어졌던 일들이 안겨준 충격에 대해 언급한다. 그는 '2년 후 그날 낮의 나머지 시간과 그날 밤, 다음날에 대해 기억나는 것'은 줄기차게 이어진 경찰과 신문기자들의 행렬밖에 없다고 썼다. 그들은 뭔가를 알아내기 위해 온 것이지만 다시 한 번 그토록 자주 개츠비의 파티에서 느껴지던 축제 분위기가 자리한다. 그러나 지금 상황은 훨씬 무거운 기운이 감돈다. 여름을 거치면서 개츠비를 존경하게 된 닉은 서커스 같은 분위기가 사실 '기괴하고, 정황적이고, 의욕에 넘치는' 기자들이 3류 신문들의 지면을 진실과 잔뜩 부풀린 거짓들로 반반씩 채우면서 개츠비를 멋대로 재단하는 것을 걱정한다. 그러나 조사를 둘러싸고 맘대로 드나드는 것보다 닉에게 더 마음이 쓰이는 부분은 '개츠비 편은 혼자'라는 사실이다.

닉은 어쩌다가 '다른 사람은 아무도 관심을 갖지 않았고… 누구나 최후에는 막연하나마 어떤 권리를 갖게 되는 강렬한 개인적 관심'에서 개츠비의 마지막 수습을 떠맡게 된다. 두 가지 중요한 사항이 이 짧은 진술 속에 드러난다. 먼저 7장 끝에서 성숙해가던 닉이 9장에서는 결실을 거둔다는 점이다. 그는 원칙과 정직성을 갖춘 사람이다.(9장이 전개되면서 더욱 두드러짐) 두 번째는 호시절에는 술을 마시고 음식을 먹고 환대를 즐기느라 개츠비의 집을 뻔질나게 드나들다가 최후에는 그를 버리는 사람들의 지독한 얄팍함이다. 데이지와 톰은 아무런 연락처도 남기지 않고 여행을 떠났다. 개츠비의 죽음에 너무 놀라 '쓰러질 지경인' 울프심은 도움이 필요하면 나중에 연락을 하되 '장례 등'에 대해 알려달라며 장례식에 오지 못한다는 뜻을 밝힌다. 파티 참석자들도 나타나지 않는다. 파티가 끝장나자 다음 이벤트로 옮겨간 것. 생전에도 그랬듯 죽은 개츠비 역시 그들의 관심 밖이다. 클립스프링거가 대표적인 예다. "내가 전화한 것은 거기에 두고 온 신발 때문인데… 난 그것들이 없으면 꼼짝 못하거든요." 하찮은 신발 때문에 전화를 걸어온 그는 피크닉을 핑계로 장례식 참석이 어렵겠다고 말한다. 화가 치민 닉은 클립스프링거가 주소를 부르는 도중에 전화를 끊어버린다. 너무나 열심히 개츠비의 호의를 이용해먹던 사람들의 냉담함이 섬뜩하다. 분명 아메리칸 드림은 이처럼 하지도 않은 어떤 일 때문에 총에 맞아 죽어 넘어지는 것으로 까맣게 잊혀지지 않는다. 피츠제럴드는 아메리칸 드림의 부정적인 면, 그리고 그 동력과 야망이 실제로 얼마나 도를 지나칠 수 있는지를 아주 잘 보여준다. 꿈은 어느 정도는 쓸모있지만 그 꿈이 몽상가를 좀먹을 때는 파멸로 이끈다.

그동안 개츠비에 대한 정보를 효과적으로 유보시켰던 피츠제럴드는 독자가 개츠비에 대해 모든 것을 알았다고 생각하는 시점에 개츠 씨를 등장시켜 다시 한 번 개츠비의 과거를 엿보게 해준다. 생각보다 겸손한 헨리 C. 개츠는 아들의 장례를 치르기 위해 왔다. 개츠 씨가 '지미가 항상 더 좋아한' 동부에 아들을 묻는 것에서 입증되듯 아버지와 아들의 관계는 죽어서조차 서먹서먹하다. 여러 면에서 개츠는 완벽한 보통사람 같지만 개츠비의 파티 손님들과 유사한 피상적인 기미가 있다. 한 가지 두드러진 예는 '흥분해서 홀 안을 왔다갔다 하는' 개츠 씨의 모습이다. 그는 '아들과 아들이 가진 것에 대한 자부심이 점점 커지고 있었다'. 개츠 씨 역시 다른 사람들처럼 개츠비의 장점을 사람 됨됨이가 아니라 재산으로 판단한 것이 분명하다.

개츠는 1906년 개츠비가 열네 살 무렵에 썼던 계획표를 가리키며 개츠비의 어린 시절을 알려준다. 그 계획표는 세기가 넘어가는 시점에 나온 유명한 서부 모험 연재물 〈호펄롱 캐시디〉의 면지에 적혀 있다. 그 책은 개츠비의 몽상가 정신의 근원을 설명해 준다는 점에서 중요하다. 계획서 또한 몽상가 정신을 보여준다. 그 일정은 칭찬할 만하다. 개츠비는 일찍부터 위대함을 열망했던 것이다.

닉과 개츠만이 그나마 손에 꼽을 만한 주요 문상객이었던 개츠비의 장례가 끝난 후 돌아보니 닉에게는 동부에서 남은 것이 별로 없다. 결국 그는 톰과 개츠비, 데이지와 조던, 그리고 자기가 모두 서부 출신이고, "모두들 동부 생활에 기묘하게 적응하지 못하는 결함을 공통적으로 지니고 있었다"는 사실을 깨닫게 된다. 닉이 동부를 떠나 도덕성과 친절이 존재하는 중서부로 돌아가는 것은 시간문제일 뿐이다.

그러나 닉은 떠나기 전에 두 가지 중요한 경험을 한다. 먼저 닉은 조던과 만나 그동안 그들에게 있었던 일들에 대해 이야기를 나눈다. 그 자리에서 닉은 그녀의 약혼, 그가 자기를 퇴짜 놓은 첫 남자란 이야기, 그리고 그녀가 그를 잘못 보았다는 뼈 있는 말을 듣는다. 두 번째 경험은 닉이 거리에서 톰을 만났을 때 일어난다. 닉은 앞에서 걸어가는 톰을 발견하고 피하려고 하지만 그의 눈에 띄고 만다. 톰은 악수를 나누려고 하지 않는 닉에게 핀잔을 준다. 잠시 대화를 나누는 동안 닉은 톰이 개츠비의 죽음에 일조했다는 것을 알게 된다. 윌슨이 총을 들고 집으로 찾아와 막무가내로 몰아쳐 겁을 집어먹고 개츠비를 지목했다는 것이다. 톰은 일말의 가책도 없이 개츠비의 잘못을 들먹이며 자기가 저지른 일을 '완전히 정당화'시킨다. 닉은 톰과 데이지는 사람들을 물건처럼 이용하다가 더 이상 쓸모가 없으면 저버리고 떠나는 '무심한 사람들'이란 결론을 내린다. 불현듯 닉은 톰(또 톰 같은 부류의 사람들)이 정말 어린애 같고, 악수하지 않는 것도 어리석은 짓이라는 생각에서 악수를 나눈다.

소설의 마지막 장은 다시 선창의 끝에 있는 초록색 불빛, 그리고 이어 사회의 희망과 꿈으로 주의를 이끈다. 독자들에게 개츠비의 마지막 이미지는 꿈의 파괴와 저택의 쇠락에도 불구하고 계속 살아 있는 강력한 존재로 남는다. 닉은 독자에게 꿈과 현실을 분리하는 가느다란 선을 다시 상기시키면서, 사람들이 추구하는 꿈의 타당성을 생각하게 만든다. 누구나 개츠비처럼 현실을 무시하면서 환상을 추구하는가? 끊임없이 더 나은 시절로 돌아가려 하고 때로는 현재의 기쁨을 놓치면서도 과거에 볼모로 잡히지 않을 사람이 과연 몇이나 될까? 닉은 개츠비가 꿈을 향해 다가가면 갈수록 그 꿈은 더욱 어두운 과거 속으로 물러나 현실과 점점 멀어지게 된다고 말한다. 개츠비는 앞에 놓인 커다란 결실에 희망을 걸고 믿었지만 파멸에 직면했다. 누군가 개츠비를 통해 (바로 지금을 희생시켜) 꿈을 좇는 것이 허망하다는 것을 깨닫는다고 해도 궁극적으로 정말로 어느 누가 그렇게 다르단 말인가? 누구에게나 조금씩은 개츠비 같은 면이 있을지 모른다. 결국 사회는 닉이 말하듯 '끊임없이 과거 속으로 되돌아가는 물살을 거스르는 배'인 것이다.

닉 ○

개츠비 ○

데이지 ○

○ 닉

　닉 캐러웨이는 〈위대한 개츠비〉에서 특이한 위치를 차지한다. 우선 그는 화자이자 참여자다. 피츠제럴드의 일부 서술을 보면, 그는 줄거리의 초점이 되는 동시에 배경 속에 묻혀 있으면서도 빛이 난다. 게다가 그는 이야기의 처음부터 끝까지 변화하는 유일한 인물이란 영예를 얻는다. 닉은 처음에는 줄거리 밖에 있는 것 같지만 서서히 전면으로 이동하면서 소설의 메시지를 전달하는 주요 매개자가 된다.

　한편으로 닉은 피츠제럴드의 에브리맨[*]이지만 여러 면에서 그 이상이다. 그는 아주 특징이 없는 배경을 가졌다. 중서부 내륙(미네소타나 위스콘신) 출신이며, 전형적인 중서부 가치관(노동, 인내, 정의 등) 속에서 자라난 것 같으면서도 약간 복잡하다. 그의 가문은 '부클로치 백작'에서 내려오지만 실제로는 할아버지의 형이 1851년 미국으로 왔을 때 시작되었다. 이야기 발생 시점까지 캐러웨이 가문은 70년 조금 넘게 미국에 있었을 뿐이다. 넓게 봐서는 길다고 할 수 없는 기간이다. 게다가 그 가문의 원로는 닉이 자기 내면에서 발견하는 훌륭한 중서부적 가치관을 드러내지 않았다. 그는 내란이 시작되자 자기를 대신해 싸울 대리인을 보내고, 가업을 시작했다. 이

---

*　**에브리맨**(Everyman)：15세기 영국의 권선징악 극의 주인공.

사소한 사항이 몇 가지를 밝혀준다. 캐러웨이 가문은 특별한 계층(부유층만이 싸워줄 대리인을 보낼 여유가 있기 때문)이고, 정의보다는 상업에 더 관심이 있었다. 닉의 친척은 분명히 자기 대신 다른 사람을 죽으러 내보내면서도 가책을 받지 않는다. 이 같은 배경을 감안하면 닉이 분별 있고 자상한 사람이자, 목표를 정하지만 꿈을 버릴 때를 알 만큼 현실적인 몽상가로 여겨지게 되는 것은 흥미롭다.

닉의 인생목표 또한 에브리맨으로 그의 성격을 특징짓는 데 기여한다. 제1차 세계대전 후, 그는 중서부에 만연된 단조로움을 피하고 돈을 벌기 위해 동부로 간다. 그리고 (어느 정도 도시에서 살기도 전에 시골로 물러나는 것이 흥미롭기는 하지만) 중서부의 삶이 줄 수 있는 것보다 더 많은 것을 갈구한 교육받은 사람이다. 그러나 닉을 돋보이게 하는 것은 기만당하지 않고 포부를 갖는 방식이다. 예를 들면, 사교계 명사들과 어울리지만 그들 생활방식의 특징인 화려함에 눈이 멀지 않는다는 것이다. 사회적인 우월함이 정말 어떤 것(얄팍하고, 공허하며, 무관심하고, 자기중심적인)인지 깨닫고 염증을 느낀 닉은 그들과 영합하기보다 스스로 거리를 둔다. 사실상 양심 때문에 닉은 뷰캐넌 부부와 조던 베이커 같은 사람들을 애써 멀리함으로써 사회적인 자살을 하는 것이다.

에브리맨 특성 이외에 닉의 도덕성도 다른 사람들과 거리를 두게 도와준다. 다른 사람들(1장에서 데이지, 톰, 조던 베이커)과 교류할 때부터 그는 분명히 다르다. 그들보다 더 실질적이고 현실적인 면을 보이는 것. 이런 본질은 톰과 머틀의 비밀스런 세계(그러나 그가 아무에게나 자기 경험을 이야기할 필요를 느끼지는 않는다는 점에 유의하라.)로 이끌려드는 2장에서 되살아난다. 3장에서 다시 개츠비의 초대장을 기다릴 때 다른 사람들만큼 돈을 탐하지 않는 것으로 나오고, 파티에 참석해서는 주인을 찾는다. 이런 예로 볼 때 닉은 여러 면에서 그들과 한통속이 아니란 것이 분명해진다.

닉은 다른 사람들에게 부족한 진지함을 지녔으며, 옳고 그름에 대한 지각도 그들보다 낫다. 닉만 명사들의 가식적인 품성을 거부하고, 개츠비의 죽음을 슬퍼한다. 다른 인물들이 개츠비가 죽은 후 바람처럼 흩어질 때 개츠비의 동업자들 누구 하나 마지막 조문조차 표하지 않는 것을 믿을 수 없는 닉은 뒷일을 수습하며 죽은 개츠비가 외롭지 않도록 백방으로 노력한다. 이 작품에서 닉은 큰돈을 꿈꾸는 남자에서 재산이 가져다줄 수 있는 비참함이 무엇인지를 너무나 잘 아는 남자로 성장한다.

○ 개츠비

개츠비 역시 닉처럼 중서부(노스 다코타, 나중에 미네소타에서 아버지가 오기는 하지만) 출신이다. 책 앞부분에서 개츠비는 매력적이고 정중하며 약간 신비로운 몽상가로 설정된다. 그러나 이야기가 전개되면서 독자는 신비로움을 부추긴 것이 무엇인지 알게 된다. 성인이 되면서부터 그가 한 일이라고는 가장 비현실적인 꿈―과거를 되찾는 것―을 이루겠다는 일념으로 살아온 것이 전부다. 개츠비는 여러 면에서 제목이 암시하는 것처럼 '위대'하지만 비판적으로 보면 좋지 않게 볼 수 있는 면도 지녔다.

자수성가한 개츠비는 아메리칸 드림의 실현자다. 그는 매우 보잘것없는 농부의 아들로서 별로 가진 것 없이 삶을 시작했다. 청년이 되었을 때 더 형편없는 신세가 되자 주어진 삶과 타협할 수 없었던 그는 자발적으로 가족을 등졌다. 그리고 혼자 힘으로 살면서 자신을 다시 만들어낼 기회를 잡았고, 오로지 재간 덕에 지미 개츠는 제이 개츠비로 진화하면서(한 가지 중요한 요소인 돈이 빠지긴 했지만) 인생이 완전히 달라졌다. 개츠비는 더 이상 초년에 매어 있지 않았지만 과거에 갈망했던 것은 무엇이든지 상상할 수가 있었다. 그러다가 삶의 여정을 영원히 바꾸어놓는 운명적인 사랑에 빠졌다. 데이지를 만난 후 그가 한 일은 모두 한 가지 목적, 즉 그녀를 얻기 위한 것이었다. 돈이 그들의 미래를 가로막았기 때문에 다시는 그런 상황이 발생하지 않도록 하기 위해 만전을 기했다. 목표를 달성하려는 개츠비의 열정과 인내는 여러 의미에서 칭찬할 만하다. (모든 면에서) 자수성가도 장한 일이다.

그러나 모든 긍정적인 특징은 논외로 치고 제이 개츠비

에게는 그런 칭찬에 의문을 불러일으키는 측면들이 있다. 개츠비의 돈은 그가 남들이 믿어주길 바라는 것처럼 유산이 아니라 조직범죄에서 나온 것이다. 개츠비는 금주법이 시행되던 시기에 불법으로 술을 팔아 큰돈을 벌었다. 게다가 사람들이 무리를 지어 파티에 올 때, 정작 개츠비는 사람들에 대해 아는 것이 별로 없다. 사실 그다지 알고 싶어하지도 않는다. 다만 그들이 데이지를 아는지가 궁금할 뿐이다. 개츠비의 우정도 닉이 데이지의 사촌이라는 것을 알게 된 후에야 꽃피기 시작한다.

개츠비를 평가하려면 데이지를 맹목적으로 추구하는 모습을 살펴보아야 한다. 그가 하는 모든 것, 그가 사들이는 모든 것, 그가 여는 파티는 전부 데이지를 영원히 자신의 삶으로 돌아오게 만들려는 원대한 계획의 일부다. 어떻게 보면 아름다운 낭만적 몸짓이지만 어떤 의미에서는 유치한 망상을 영속시키는 행위다. 그는 데이지에 대한 꿈에 집착함으로써 점점 더 환상의 세계 속으로 옮겨간다. 그는 현실부적응으로 규범 밖에 놓이게 되고 결국 꿈에 집착하면서 죽음에 이른다. 7장 끝에서 개츠비는 데이지의 집 밖에서 불필요하게 밤을 지새운다. 자기 꿈이 현실성이 없다는 것을 전혀 깨닫지 못하고 데이지의 신호를 기다리며 지키고 서 있는 것이다. 개츠비는 그 행동이 숭고하고 영광스러우며 중대하다고 본다. 그러나 독자는 부질없다는 것을 알고 있다. 그는 가족에 관한 과거는 서둘러

멀리하면서도 데이지와 함께했던 과거를 되찾으려고 노력하
며 성인의 삶을 산다. 더 심각한 문제는 데이지 자신이 아니라
데이지라는 관념과 사랑에 빠졌다는 것이다. 개츠비는 글자
그대로 치명적인 이상주의자다.

○ 데이지

데이지는 가장 수수께끼 같은 인물이며, 어쩌면 가장 실
망스러운 인물일지 모른다. 피츠제럴드는 개츠비가 무한한 헌
신을 바칠 만한 인물로 만들기 위해 많은 장치를 가미하지만
결국 데이지는 실체 ― 아름다움과 매력에도 불구하고, 이기적
이고 얄팍하며 실제로 상처를 주는 여인 ― 를 드러낸다. 개츠
비는 대단한 결단과 열정으로 데이지(아니면 적어도 데이지
라는 관념)를 사랑한다. 피츠제럴드는 데이지란 인물을 빛과
순수, 천진함과 연관시켜 조심스럽게 만들어가지만 결국은 그
녀 자신이 보여주는 것과는 정반대다.

닉이 처음 만났을 때부터 온통 흰옷을 입고 '마치 붙잡아
맨 풍선을 탄 것처럼… 거대한 긴 의자'에 앉아 있는 듯한 데
이지(그리고 여러 면에서 미혼의 데이지를 연상시키는 조던
베이커)의 모습은 공상적인 분위기를 풍긴다. "마치 두 여인
이 집 주변을 잠시 날아다니다가 바람에 날려 방으로 다시 들
어온 듯 (그녀의 옷이) 찰랑거리며 나부꼈다." 이 순간부터 데
이지는 지상의 천사 같은 사람이 된다. 일상적으로 항상 유행

중인 흰색(하얀 드레스, 흰 꽃, 하얀 차 등)과 연결되어 있는 그녀는 사랑스러운 말로 사람들에게 인사를 건넨다. 그녀는 사기와 거짓의 세상에서 순수하게 보인다. 개츠비가 데이지를 생각하고 그녀를 얻기 위해 노력했던 과정을 보면 그럴 만한 가치가 있는 애인인 것 같다.

그러나 시간이 흐름에 따라 데이지의 실체가 노출되면서 이상적이었던 모습은 자취를 감춰간다. 데이지는 남편의 간통 사실을 알고 있으면서도 그의 돈과 힘, 그리고 그것을 통해 누리는 혜택 때문에 기꺼이 눈을 감아준다. 게다가 개츠비의 파티에 참석했을 때는 개츠비와 보낸 30분을 제외하고는 불쾌한 시간을 보낸다. 웨스트에그의 졸부들이 따분하고 평범하다는 것을 알게 되었기 때문인데, 이것은 데이지의 '세습된 부자' 정신에 대한 일종의 모욕이 아닐 수 없다. 데이지의 됨됨이를 의심스럽게 하는 또 하나의 사건은 딸 파미에 대해 말하는 태도다. "나는 애가 바보가 되었으면 하고 바랐어. 그게 이 세상을 살아가는 계집애한테는 제일 좋거든. 아름답고 귀여운 바보." 분명히 데이지는 이 부분에 경험이 있으며 세상에 여자를 위한 자리가 없다는 것을 암시한다. 그녀의 가장 강렬한 바람은 살아남는 것이고, 그것을 위한 최선의 방법은 두뇌보다는 미를 통해서다. 7장에서 파미가 딱 한 번 모습을 보일 때 데이지는 딸을 물건처럼 취급하며 손님들에게 보여주는데, 아이에 대한 관심 부족을 나타내는 대목이라고 할 수 있다. 데이지의 삶은 자기 주변을 맴돌고 있어 편리할 때만 파미를 들어오게 한다. 현실의 데이지는 분명히 여러 면에서 개츠비가 기억하는 사람이 아니지만 꿈에 눈이 멀어 진실을 보지 못한다.

데이지가 개츠비와의 재회에서 사랑을 찾은 것 같지만 자세히 보면 전혀 그렇지 않다. 데이지는 그의 관심을 좋아하면서도 사랑 이외의 것을 염두에 두고 있다. 첫째, 그녀는 몇 년 동안 톰이 바람을 피워왔다는 것을 너무나 잘 알고 있다. 맞바람을 피워 앙갚음하려는 동기가 있을 수 있다. 다음은 개츠비의 재산에 대한 데이지의 반응, 특히 셔츠를 생각해 보라. 사랑에 빠진 어느 누가 구색을 갖춘 셔츠에 얼굴을 파묻고 울음을 터뜨리겠는가? 데이지에게(개츠비에게도) 셔츠는 재산 정도를 나타낸다. 그 모습은 물질에 대한 관심을 드러내는 것이다. 그녀는 개츠비와 재회한 것이 기뻐서가 아니라 그의 물질적 부가 가져다주는 만족 때문에 운다. 개츠비는 남편에게 보복하기에 꼭 맞는 수단이 되었다. 톰과 개츠비가 호텔에서 언쟁할 때 데이지의 행동은 그 저의를 의심케 한다. 톰을 사랑했다는 것을 부인하지 못하는 모습은 그녀의 실체를 잘 보여주는 동시에 개츠비에 대한 애정이 순전히 연기였음을 암시한다. 톰 역시 개츠비가 자기들과 근본이 다르다는 사실을 인식한 후에는 데이지가 자신의 돈과 힘이 가져다주는 안락함과 보호 때문에 떠나지 않을 것을 알고 있다.

닉이 데이지를 만날 때마다 진정한 실체가 점점 더 드러나지만, 머틀 윌슨을 치어 죽이고 나서 현장을 떠날 때 독자들은 데이지에게는 양심이 없다는 것(개츠비는 여전히 깨닫지 못하는 사실)을 알게 된다. 온통 그녀를 둘러싼 하얀색은 그 정도로 순수한 것이 아니라(물론, 개츠비는 그렇게 보지만) 진공상태, (지성과 양심의) 부족을 나타내는 것 같다. 데이지에게 머틀은 소모품이다. 머틀은 사회 엘리트에 속하지 않는다. 따라서 머틀이 죽은들 무슨 대수란 말인가? 그런 데이지는 개츠비를 배반한 것도 모자라 죽음 속에 방치한다. 머틀을 죽인 후 집으로 돌아온 그녀와 톰은 불화를 해소하고, 아마도 언제나 그렇듯 변함없는 그들의 삶을 이어갈 다른 도시로 떠난다. 데이지는 어느 면에서 천상의 특징을 갖고 있지만 다른 면에서는 죽어 마땅한 악마와 같다.

사회 계급: 사회비평서로서의 〈위대한 개츠비〉

안락함 예찬: 〈위대한 개츠비〉에서 자취를 감춘 '정신'

사회 계급: 사회비평서로서의 〈위대한 개츠비〉

피츠제럴드는 〈위대한 개츠비〉에서 정의, 권력, 탐욕, 배신, 아메리칸 드림 등과 같은 다양한 주제에 대해 논한다. 그 가운데 가장 두드러지는 주제가 사회 계급이다. 〈위대한 개츠비〉는 1920년대의 미국 생활을 생생하게 들여다볼 수 있는 뛰어난 사회 비평서로 여겨진다. 피츠제럴드는 소설을 뚜렷이 구분되는 집단들 속에 조심스럽게 짜맞추지만, 나름대로 씨름해야 할 문제점을 지닌 각 집단을 보면 세상이 정말 불안정한 곳임을 강력하게 상기시켜준다. 아울러 그는 세습 부자, 졸부, 무산자라는 사회 계급을 만들어내 모든 계층을 관통하는 엘리트주의에 강렬한 메시지를 보낸다.

피츠제럴드가 맨 먼저 공격하는 가장 눈에 띄는 집단은 물론 부자들이다. 그러나 피츠제럴드(그리고 그의 인물들)로서는 부자들을 모두 한통속으로 보는 것은 큰 실수가 될 수 있다. 적당한 재산을 가진 다수의 사람들에게 부자들은 돈으로 획일화되는 것 같다. 그러나 피츠제럴드는 그렇지 않다며, 확실하게 구분되는 두 유형의 부자를 보여준다. 먼저 태생부터 부유한 뷰캐넌과 조던 베이커 같은 사람들이다. 그들 가문은 누대에 걸쳐 부를 누려온 '세습부자'들이다. 소설에서 묘사된 대로 그들은 일할 필요가 없다.(설사 있다고 해도 사업계획에 대한 이야기는 거의 하지 않는다.) 그리고 뭐든 하고 싶은 것을 하면서 재미나게 시간을 보낸다. 데이지, 톰, 조던, 그리고 그들 부류의 계층은 아마 이 소설의 최고 엘리트 집단일 것이다. 돈을 얼마나 가지고 있느냐가 아니라 그 돈이 어디에서 왔고 언제부터 가졌느냐에 따라 다른 부유층(개츠비 같은)과는 분명히 차별된다. 그들에게 개츠비(그리고 1920년대에 그와 같은 수많은 다른 사람들)가 최근에야 부자가 되었다는 사실은 그를 싫어할 만한 충분한 이유가 된다. 그들의 사고방식으로는 개츠비는 그들과 같은 세련미나 감수성, 취미를 가질 수가 없는 사람이다. 그는 생계를 위해 일을 해야 할 뿐 아니라, 그들의 견해로는 개츠비의 배경이 하류층이므로 자기들과 같을 수 없다.

여러 면에서 사회 엘리트들이 옳다. '졸부'들은 그들처럼 될 수가 없는데, 여러 면에서 그것은 졸부들에게는 다행스러운 일이다. 상류층에 있는 자들이 훌륭한 사람들이 아니기 때문이다. 그들은 쉽게 판단하고 피상적이어서 주변사람들(그리고 자기 자신)의 본질을 보지 못한다. 대신 그것이 아무리 비현실적일지라도 자신들의 우월감을 영속시키는 형태로 살아간다. 그렇다고 신흥 부자들이 반드시 나은 것은 아니다. 개츠비의 파티에 왔던 사람들을 생각해 보라. 그들은 개츠비의 파티에 참석해서 흥청망청 즐기지만 한 번도 짬을 내어 주인을 만나려고 하지 않는다.(심지어는 초대받지도 않았는데 불쑥 나타난다.) 개츠비가 죽자 매주 개츠비의 집을 뻔질나게 들락

거렸던 사람들은 이상하게도 모두들 여기저기서 바빠졌다. 개츠비가 더 이상 자신들에게 아무것도 해줄 수 없게 되자 그를 버렸던 것. 사람들은 졸부들이 자기 주변 세상에 더 예민할 것이라고 생각하기 쉽다. 무일푼이었던 그들에게는 최근까지 대부분의 문이 닫혀 있었으니 말이다. 그러나 피츠제럴드가 보여주듯 그들은 파티와 다른 형태의 무절제에 몰두한 채 주로 찰나적인 생활을 한다. 피츠제럴드는 부자들에게 했던 것처럼 돈 없는 사람들을 이용해 강한 메시지를 전한다. 닉은 재산이 좀 있는 집안 출신이지만 개츠비나 톰에 비하면 어림도 없다. 그러나 존경할 만하고 소신 있는 사람이다. 그러나 머틀은 얘기가 다르다. 기껏해야 중류층 출신인 그녀는 여느 사람들처럼 재의 골짜기에서 빠져나오려고 애쓰면서 세월을 보내다가 결국 신분 상승 욕구 때문에 톰과 바람을 피우게 되었고 그 생활에 만족한다. 머틀은 비참한 현실에서 벗어나기 위해 도덕적 책무를 멀리하게 되고, 불륜이 곧 자신이 원하는 삶과 맞아떨어지자 쉽사리 남편을 속이고 상류층 남자를 만난다. 머틀이 미처 깨닫지 못한 것은 톰과 톰의 친구들이 그녀를 그들 테두리 안으로 받아들이지 않을 것이란 점이다.(톰이 동침할 하층 계급의 여성들을 어떻게 고르는지 주목하라. 톰은 그녀들이 무력하면 무력한 만큼 더 우월해진다. 이상하게도 자기 계급을 열망하는 여자들과 함께 있으면 우쭐해지고 자신이 관대하고 중요한 사람이란 환상을 갖게 되는 것이다.) 머틀은 톰과 그 부류의 사람들에게는 장난감에 지나지 않는다.

예리한 눈을 가진 피츠제럴드는 이 작품에서 자신이 목격했던 가혹한 세상을 묘사했다. 1920년대는 엄청난 경제성장을 이룬 시기였고, 그런 사회의 광기를 잘 포착했던 것. 물론 그가 1929년 주식시장의 붕괴를 내다본 것은 아니지만 〈위대한 개츠비〉에서 보여주는 세상은 분명히 재난을 향해 가고 있는 듯하다. 빗나간 세계관을 지닌 그들은 사회 계급에 사활이 걸려 있다고 오판하고 사회의 경계선을 강화하고 있다. 사실상 인간과 동물을 구분 짓는 연민과 감수성 계발은 태만히 하면서 피상적인 외부수단(돈과 물질주의 등)을 그릇되게 믿고 있는 것이다.

안락함 예찬: 〈위대한 개츠비〉에서 자취를 감춘 '정신'

〈위대한 개츠비〉에서 피츠제럴드는 정신이란 주제와 훌륭하게 씨름한다. 그의 공격은 교묘해서 존재하는 것보다는 오히려 빠진 것을 통해 강렬한 메시지를 전달한다. 〈위대한 개츠비〉의 세계는 무절제와 어리석음, 쾌락의 세계다. 이를테면, 사람들이 순간적인 삶을 사느라 너무 바빠 도덕성과는 단절되어 법을 어기고, 바람을 피우고, 심지어는 살인도 하는 세상. 그러나 이것이 타락처럼 들릴지는 몰라도 그들이 정신을 모조리 저버린 것은 아니었다. 오히려 피츠제럴드가 그린 전

후의 파티 참석자들은 철학 원리를 물질주의와 순간의 동물적인 위안으로 대체해 이스트에그와 웨스트에그, 그리고 그 너머 세상에 질서와 뼈대가 부족하다는 것을 보여준다.

등장인물들의 도덕성 불균형을 보여주는 요소들이 몇 가지 있다. 닉은 서두에서 자신을 존경스럽고 신뢰할 만한 인물로 설정하려고 한다. 그 이유는 독자들이 그가 교류하는 사람들을 소개받고 나서야 비로소 명확해진다. 첫 장의 절반도 지나지 않아 피츠제럴드는 톰 뷰캐넌이 공공연히 바람을 피울 정도로 뻔뻔하고 대담하며, 그의 아내는 그 사실을 알고 약간 짜증은 내지만 그대로 용인하는 모습을 보여준다. 게다가 이스트에그 사람들이 긴 하루에 무엇을 할지, 왜 동부 생활이 이상적인지와 같은 중차대한 것들을 논의하는 모습은 추측컨대 그들이 다소 현실과 동떨어져 있음을 드러낸다. 그들은 분명 사람을 물건 취급하고, 자기들의 행동이 다른 사람에게 방해가 되는지 어떤지에 대해서는 관심이 없다.

뷰캐넌의 만찬 파티가 끝난 후에도 〈위대한 개츠비〉는 계속해서 무절제로 채워진다. 실은, 7대 죄악 ― 교만, 시기, 분노, 나태, 탐욕, 탐식, 정욕 ― 이 하나하나 제대로 나타난다. 닉을 포함한 등장인물 모두가 적어도 과거에는 전통적으로 지역사회의 몰락을 특징지었던 그 지독한 욕망에서 자유롭지 못하다. 비록 7대 죄악이 등장인물들에게서 여러 차례 나타나지만 7대 죄악에 신학적으로 대응하는 것들 ― 믿음, 희망, 신중, 정의,

용기, 절제—은 거의 볼 수가 없다. 물론, 개츠비는 모든 인물들을 합쳐놓은 것보다 더 큰 희망을 품고 있지만, 아무리 강하다고 한들 그 한 가지로는 구원받을 수 없다.

진실성이 의심스러운 수많은 행동이 작품 곳곳에서 발견되지만 결정적이고 가장 철면피 같은 부도덕 행위는 소설 끝부분에 나온다. 데이지가 차를 세우지 않고 머틀을 밀어붙여 참모습을 드러내고, 개츠비는 살인적 분노의 대상이 되어 월슨의 총을 맞는다. 그리고 마침내 동료 인간을 무시하는 엄청난 대미(大尾)는 매우 놀랍고 당혹스런 형태로 찾아온다. 개츠비의 장례식에 문상객이 나타나지 않았던 것. 생전에는 너나없이 그와 관계가 있다고 떠들어댔지만 죽어 넘어져서 쓸모가 없어지자 그들의 관심도 함께 사라졌다.(물론 닉은 제외)

피츠제럴드는 등장인물들의 행위를 통해 점점 쇠퇴하는 도덕성을 드러내면서도 또 다른 수단을 통해 메시지를 전달하기도 한다. 먼저, 거대한 광고판인 T. J. 에클버그 박사의 눈인데, 조지 월슨이 밝히듯 하나님의 눈을 나타내며, 두 가지로 풀이될 수 있다. 먼저, 그의 말은 어떤 존재가 항상 눈을 부릅뜨고 사회를 내려다보면서 세상 사람들은 그들의 행위에 책임을 져야 한다고 암시하는 것일 수 있다. 이 같은 해석에 따르면, 피츠제럴드는 독자들에게 감시당하고 있으니 자기 행위에 대해 책임질 각오를 해야 한다는 사실을 기억하도록 촉구하는 것 같다. 그 다음으로 월슨의 말은 그의 그릇된 판단의 증거로 받아들여질 수 있다. 사실상 그가 재의 골짜기를 지켜보는 거대한 눈이 하나님의 눈이라고 믿는 것이 권위 있는 종교와 그렇게 동떨어진 것인가? 그는 은유와는 정반대로 눈을 말 그대로 해석하고 있는 것인가? 만약 그렇다면, 피츠제럴드는 사회가 전통적인 종교의 가르침에서 너무 멀리 떨어져 나와 사람들이 모든 믿음을 잃고 우리 주변의 물질세계가 갖는 의미를 잘못 읽을 수밖에 없다고 암시하는 메시지를 제시하는 것이다.

마지막으로 피츠제럴드는 지리를 이용해 정신적 기능장애에 대해 이스트에그와 웨스트에그라는 독특한 지역사회를 필두로 메시지를 전한다. 이스트에그와 웨스트에그의 차이가 주로 사회경제적인 면이긴 하지만 웨스트에그 사람들이 이스트에그 사람들보다 다소 우위에 있다. 이스트에그 사람들은 어느 누구도 자신을 되찾을 미덕을 갖고 있지 않은 반면, 웨스트에그에는 옳고 그름을 매우 훌륭하게 가려내는 유일한 인물 닉이 있는 것이다. 피츠제럴드는 한쪽 에그보다 다른 쪽 에그(덜 세련된 에그)를 선호하듯, 국내 지역들을 대립시키고 한쪽을 선택하는 결과를 내놓는다. 피츠제럴드가 중서부를 전도유망한 땅으로 본다는 것은 부인할 수 없는 사실이다. 중서부가 동부보다 매력이나 재미 면에서는 떨어지지만 동부에는 부족한 순수함이 있다는 것이다. 등장인물 모두는 중서부 출신이며 결국 동부는 그들을 파멸시킨다. 그러나 닉은 "모두들 동부 생활에 기묘하게 적응하지 못하는 결함을 공통적으로 지

니고 있었다"고 말하듯 그 사실을 인식하고 있는 유일한 인물
이다. 따라서 동부 생활에 환멸을 느낀 그는 인간의 연민과 자
비라는 기본적 신조와 여전히 연결된 땅이라고 생각되는 고향
으로 향한다.

　〈위대한 개츠비〉에서 피츠제럴드는 가치체계가 균형을
잃은 세상을 보여주면서, 가혹한 기독교적 메시지를 지지하는
것이 아니라 오히려 독자들에게 삶을 평가해 보도록 부추긴다.
어떤 이들은 생존을 위해 하나님께 귀의해야 한다고 암시하는
것으로 볼지 모르지만 주제는 훨씬 더 은밀한 것을 뒷받침하
고 있다. 바로, 사회가 어디에 와 있고 어디를 향해 가고 있는
지에 대한 재고를 촉구하는 것이다.

이 부분은 원작에 대한 이해력을 테스트하는 난입니다. 다음의 세 가지 코너를 차례로 끝내면, 〈위대한 개츠비〉에 대한 포괄적이고 의미 있는 파악이 가능해질 것입니다.

A 빈칸에 알맞은 표현을 써넣으시오.

1. 제이 개츠비의 진짜 이름은 (   )이다.

2. 댄 코디는 개츠비에게 (   ) 때문에 중요하다.

3. 개츠비는 (   )(으)로 돈을 벌었다.

4. '세습부,' '처치곤란,' '적극적인,' '대결적인,' '신앙심 없는,' '인종 차별주의자' 이 모든 것은 (   )(을)를 묘사한다.

5. 개츠비는 (   )에게 죽음을 당한다.

6. 머틀 윌슨은 (   ) 때 비극적인 종말을 맞는다.

7. 닉 캐러웨이를 아우르는 도덕적 속성을 말하자면 그는 (   )(이)다.

8. 개츠비는 (   ) 때문에 웨스트에그에서 산다.

9. 조던 베이커의 직업은 (   )(이)다.

10. 재의 계곡에서 사는 사람들은 몇몇 인물들이 (   )의 눈과 같다고 해석하는 (   )의 낡은 광고판에 사로잡혀 있다.

B 원작에서 다음 인용구를 찾아 어떤 상황에서 누가 누구에게 하는 말인지 간단히 쓰시오.

1. "저들은 썩어빠진 무리들입니다." 나는 잔디밭 건너편으로 소리쳤다. "당신은 저 시시껄렁한 떼거리들을 전부 합친 것만큼 값어치가 있어요."

2. 따라서 우리는 끊임없이 과거 속으로 되돌아가는 물살을 거스르는 배인 것이다.

3. "세계 재즈의 역사" 연주가 끝나자 여자들은 강아지처럼 들뜬 태도로 남자들의 어깨 위에 머리를 기댔고, 더러는 누군가가 붙잡아줄 것을 알고서 장난스럽게 남자들의 팔, 심지어는 무리들 속으로 자빠졌다 하지만 아무도 개츠비에게는 뒤로 넘어가지 않았고, 프랑스식 단발머리를 한 여자들 중 아무도 개츠비의 어깨를 가볍게 툭 치지 않았으며, 개츠비를 둘러싸고 노래를 부르는 사람들도 없었다.

4. 그는 뉴헤이번 시절과는 많이 달라져 있었다. 지금은 다소 무뚝뚝한 입과 거만한 태도를 지닌 밀짚 색깔 머리카락의 건장한 서른 살짜리 남자였다. 번쩍이는 오만한 두 눈은 얼굴에서 두드러져 항상 앞을 향해 덤벼들 듯한 모습이었다. 그가 입은 승마복의 여성스러운 화사함조차 몸이 지닌 엄청난 힘을 감추지 못했다. 번쩍거리는 장화도 맨 위쪽 끈이 팽팽해질 정도로 부풀었고, 얇은 저고리 밑에서 어깨가 움직일 때면 우람한 근육이 꿈틀대는 것을 볼 수 있었다.

5. (간호사가 내게 딸을 낳았다고 말했을 때) 딸을, 나는 고개를 돌리고 흐느껴 울었어. "좋아" 내가 말했지. "딸이라 기뻐"라고. 그리고 나는 얘가 바보가 되었으면 하고 바랐어. 그게 이 세상을 살아가는 계집애한테는 제일 좋거든. 아름답고 귀여운 바보.

1. 아메리칸 드림의 개념은 이 소설에서 뚜렷하게 나타난다. 독자들은 '아메리칸 드림'을 어떻게 규정하는가? 더욱이 〈위대한 개츠비〉가 입증하듯, '아메리칸 드림'의 추구는 반드시 좋은 것인가?

2. 닉이라는 인물을 탐색해 보자. 독자들은 그에 대해 어떻게 느끼게 되는가? 어떤 부분에서 그는 신뢰할 만하거나 신뢰하지 못할 모습을 보이는가?

3. 피츠제럴드의 소설은 졸부와 세습부, 중산층, 무산자 등 사회 계층의 윤곽을 분명하게 묘사해 준다. 각 집단에 대한 피츠제럴드의 논평을 해석해 보라. 그는 한 집단을 다른 집단의 우위에 두는가? 모든 집단의 사람들이 서로 같아질 방법이 있는가?

4. 소설 내내 개츠비는 과거는 지나갔고 완전히 끝났다는 것을 받아들이기가 어렵다. 그가 과거를 되찾으려 한다는 증거는 어디에 있는가? 이것은 그에 대해 무엇을 말하는가? 사람들은 과거의 어떤 것을 갈망하며 살아야 하는가? 왜 그런가, 혹은 왜 그렇지 않은가?

5. 작가 피츠제럴드 힘의 일부는 이미지즘적인 스타일에서 나온다. 그의 작품은 매우 감각지향적이다. 소설 속에서 감각지향적인 비유 표현(시각, 미각, 촉각, 후각, 청각)들을 찾아보라. 이런 세부 사항들은 어떤 분위기를 만들도록 도와주는가? 그것들은 독자인 당신에게 어떤 영향을 주는가?

6. '자수성가한 사람'이란 말을 흔히 듣게 된다. 이 말은 어떤 식으로 설명될 수 있는가? 개츠비는 그 정의에 어느 정도나 들어맞는가? 그는 어떤 식으로 그것을 지나치게 글자 그대로 받아들이는가?

7. 개츠비가 데이지를 사랑한다고 고백하지만 그녀에 대한 관념과 사랑에 빠진 것이기에 진정한 사랑이 아니라는 견해가 있다. 개츠비가 보통 사람보다는 이상에 헌신한다는 증거는 어디서 찾을 수 있는가?

8. 닉 캐러웨이가 개츠비에 대해 유보적인 태도를 취하고는 있지만 우호적으로 생각하는 것은 분명하다. 어쨌든 책 제목이 〈위대한 개츠비〉다. 그는 의심스러운 존재로 시작해서 비극적인 종말에 이른다. 그러나 닉(확대해서 독자들)은 그에게 공감하게 된다. 개츠비는 '위대한'이라고 불릴 만한가? 어느 면에서 위대한가? 어느 면에서 위대하지 않은가? 결국 위대함과 평범함, 어느 쪽이 이기는가?

〈모범답안〉

A

1. 제임스 개츠 2. 그는 개츠비를 데리고 있으면서 제임스 개츠에서 제이 개츠비로 확실히 변신하도록 도왔기 3. 밀주 밀매/조직범죄 4. 톰 뷰캐넌 5. 조지 윌슨 6. 도로로 뛰어들어 데이지가 모는 개츠비의 차에 치었을 7. 아마도 그가 알았던 가장 정직한 사람 8. 그 건너편인 이스트에그에 데이지가 살고 있기 9. 프로 골퍼 10. 하나님, T. J. 에클버그 박사의 눈

B

1. 닉 캐러웨이가 정확히 톰과 데이지, 조던의 실체를 인식하면서 2. 소설에 나오는 닉의 마지막 대사 3. 닉이 파티에서 개츠비가 주최자임에도 손님들과 섞이지 못하고 있는 모습을 묘사한 것 4. 닉 캐러웨이가 톰 뷰캐넌의 인상을 묘사한 것 5. 데이지가 딸에 대해 언급하는 몇 안 되는 표현. 그녀 자신이 '아름답고 귀여운 바보'의 구현임을 명시하는 말이다.

一以貫之

논술노트

진부한 아메리칸 드림의 실체 ●

실전 연습문제 ●

一以貫之는 '논어'에 나오는 말로 '모든 것을 하나의 이치로 꿴다'는 뜻입니다.

논술의 주제와 문제 유형, 제시문들은 참으로 다양하고 가지각색입니다. 그러나 그 모든 것을 하나로 꿸 수 있습니다. '인간사회의 보편적 문제들에 대한 근원적인 물음에 답하는 자기 나름의 견해'라는 것이지요. 논술은 인간이면 누구나 부딪히는 개인적 또는 사회적 문제들에 대한 자기 나름의 고민이자 성찰입니다. 논술은 자기견해, 자기 가치관, 자기 삶에 대한 솔직한 고백입니다.

一以貫之 논술연구모임은 '자신의 물음'과 '자신의 생각'을 갖고 '자신의 글'을 쓸 수 있도록 도와줍니다.

〈집필진〉
전은실, 우한기, 이호곤, 박규현, 김법성, 김재녕, 김병학, 도승활, 백일, 우효기, 조형진

진부한 아메리칸 드림의 실체

왜곡된 시대

1776년에 발표된 미국의 독립 선언서에는 '모든 사람은 평등하게 태어났으며, 조물주는 몇 개의 양도할 수 없는 권리를 부여했으며, 그 권리 중에는 생명과 자유와 행복의 추구가 있다'고 밝히고 있다. 그로부터 200여 년이 흐른 지금 미국 땅에서는 이러한 이념이 얼마만큼 실현되었을까? 글쎄, 모르긴 몰라도, 만약 잘 실현되었더라면 아마도 우리는 '개츠비'란 이름 앞에 자리한 '위대한'이란 수식어를 만나진 못했을 것이다.

종교적 핍박을 피해 처음으로 미국 땅에 첫발을 내딛은 청교도들은 종교적 자유 이외에 물질적 풍요에도 관심이 많았다. 그야말로 한 손에는 성서, 다른 한 손에는 돈을 쥐고 있는 꼴이었다. 직업을 갖는 것 또한 신에 대한 봉사의 일부로 여겼다. 이러한 종교적 이념은 자본주의와 합의점을 찾아냈고, 드디어는 '젖과 꿀이 흐르는 약속의 땅'을 현실에서 찾아냈다. 이 땅에서는 모든 것이 가능할 것처럼 보였다. 자신만의 꿈과 열정을 가진 사람이라면 그 누구든지 축복받은 삶을 살 수 있을 것만 같아 보였다. 하지만 그들은 눈앞에 보이는 풍요로움 앞에서 한 손에 든 성서를 잊어버렸던 것은 아닐까?

개츠비가 살았던 1920년대 미국 사회는 일명 '재즈 시대'

로 통한다. 1914년부터 1918년까지의 제1차 세계대전 후 미국의 젊은이들은 자아를 상실한 채로 방황의 나날을 보냈다. 전쟁의 상처는 그들에게 꿈꾸는 것조차도 불안하게 만들었으며, 도덕적 타락과 쾌락의 추구를 가져왔다. 매일 밤 젊은이들은 파티와 술, 도박 같은 쾌락의 늪으로 부나방처럼 모여들었다. 음악, 춤, 자동차 등으로 대변되는 '재즈 시대'는 그야말로 돈과 환락의 시대였다. 젊은이들은 학교뿐만 아니라 교회에서조차 착한 사람은 복을 받아 부자가 되고, 악한 사람은 벌을 받아 가난뱅이가 된다고 배웠으나 그 무엇도 확실할 것이 없는 그 시기에 가장 확실한 인생의 목표는 돈을 많이 버는 것뿐이었다.

이러한 상황에서 미국 행정부는 입법을 통해 건국이념인 청교도주의를 확립하려 애썼다. 대표적인 예로 시행된 금주법은 오히려 환락의 세계를 지하세계로 끌어내린 꼴이 되고 말았다. 사람들은 더욱 은밀한 곳에서 쾌락의 탐닉에 빠져들었다.

재즈 시대의 모습이 마냥 낯설기만 하지 않는 까닭은 기실 그들이 살아가는 방식이 지금의 우리와 별반 다르지 않기 때문이다. 현대 소비사회는 끊임없이 무언가를 사도록 종용한다. 텔레비전 속 유명 연예인들은 값비싼 명품으로 치장하고 등장해 그 물건을 가지면 자신들처럼 멋진 사람이 될 수 있으리란 메시지를 시도 때도 없이 주입시키고, 그 메시지에 중독된 현대인들은 끊임없이 제품을 소비한다. 그러나 그들이 소비하는 것은 제품 자체가 아니라 제품이 주는 이미지일 뿐이다. 남들보다 더 특별해 보이는 이미지. 그 어디에서도 자신의 존재를 확인할 길이 없는 현대인들은 제품이 주는 이미지에 자신의 이미지를 고정시킨다. 그가 누구인가를 말해 주는 방식은 아주 간단하다. 그가 어떤 제품을 걸치고 있느냐와 일치하기 때문이다. 재즈 시대에 돈이 방황하던 젊은이들의 존재가치를 말해 주던 것처럼.

개츠비는 재즈 시대가 낳은 희생양이기도 하지만 현대 소비사회가 낳은 희생양이기도 하다. 모든 것이 넘쳐나는 시대, 때문에 다 써버리지 않고는 도저히 불안해서 견딜 수가 없는 시대, 그 시대의 한복판에 개츠비가 서 있다. 그럼에도 불구하고 개츠비가 위대한 이유는 어쩌면 자신이 누군지도 모른 채 이리저리 휘황찬란한 파티장의 불빛에 이끌려 삶을 탕진하는 수많은 사람들 중에서 자신만의 길을 걸어간 유일한 사람일지 모르기 때문이다.

〈위대한 개츠비〉 재미있게 읽는 방법

〈위대한 개츠비〉를 보다 재미나게 읽으려면 공간적 배경이 상징하는 바를 알아두는 것이 중요하다. 공간적 배경 속에 이 책의 주제의식에 숨어 있기 때문.

이 책의 배경은 뉴욕 시 근처 롱아일랜드 지역이다. 좀더 구체적으로 말하면 달걀 모양을 하고 있는 이스트에그와 웨스트에그이다. 이 두 지역은 단순히 지리적으로만 구분되는 것이 아니라 사는 모습과 가치관도 판이하다. 이러한 차이는 미국 동부 지역과 중서부 지역의 가치관을 그대로 계승한 데 있다. 동부 지역은 전통적으로 물질적 부와 세련미와 교양을 갖춘 유서 깊은 가문들이 몰려 사는 곳이지만, 모든 가치를 물질에 두고 있으며 퇴폐적이고 도덕적으로 타락한 생활을 한다. 중서부 지역은 동부에 비해 물질적으로 풍요롭진 못해도 때묻지 않은 순수와 청교도적 가치관을 지니고 있다. 그리고 닉 캐러웨이 집안에서도 볼 수 있듯 가족들의 끈끈한 결속이 남아 있는 곳이다.

이스트에그에는 톰처럼 엄청난 부를 상속받은 그야말로 특권과 기득권을 지닌 최상류층이 살고 있다. 톰의 저택은 그의 신분과 가치관을 여실히 드러내준다.

그들의 저택은 내가 예상했던 것 이상으로 공들여 만든 집이었다. 조지 왕조 식민지 시대 풍으로, 붉은색과 흰색으로 장식된 쾌적해 보이는 그 집은 만이 내려다보이는 곳에 자리 잡고 있었다. 잔디밭이 해변에서 시작해서 현관을 향해 4분의 1마일이나 달려와, 중간에 있는 해시계들과, 벽돌로 된 산책길, 태양빛에 불타는 듯한 정원을 뛰어넘고 있었다. 마침내 저택에 이르러서는 여세를 몰듯 잔디밭이 밝은 색의 덩굴 모양으로 집 옆을 따라 뻗어 올라가고 있었다. 저택의 정면은 한 줄로 나란히 난 프랑스식 창문으로 나뉘어 있었는데,

창문은 반사된 황금빛으로 번쩍이며 따스한 바람이 부는 오후를 향해 활짝 열려 있었다.

닉의 눈에 비친 톰의 저택은 겉으로 보기에도 세련되고 우아하며 고상하다. 해변가에 위치한 것 하며 태양빛에 불타는 듯한 정원은 낭만적인 느낌마저 불러일으킨다. 또한 조지 왕조 식민지 시대 풍이란 것은 톰의 집이 그만큼 유서 깊은 전통을 지녔다는 뜻이다. 이것은 톰의 계급과도 연결된다. 그는 조상 대대로 부유한 집에서 자랐고, 남들이 부러워할 만한 부를 소유하고 있다. 평범한 사람이 죽을 때까지 하루도 쉬지 않고 열심히 일해도 도저히 얻을 수 없을, 아니 상상도 하지 못할 재산을 단 한 번의 유산으로 상속받았던 것이다. 타고난 신체조건도 뛰어나서 대학시절 유명한 풋볼 선수까지 지냈을 정도다.

그는 뉴헤이번 시절과는 많이 달라져 있었다. 지금은 다소 무뚝뚝한 입과 거만한 태도를 지닌 밀짚 색깔 머리카락의 건장한 서른 살짜리 남자였다. 번쩍이는 오만한 두 눈은 얼굴에서 두드러져 항상 앞을 향해 덤벼들 듯한 모습이었다. 그가 입은 승마복의 여성스러운 화사함조차 몸이 지닌 엄청난 힘을 감추지 못했다. 번쩍거리는 장화도 맨 위쪽 끈이 팽팽해질 정도로 부풀었고, 얇은 저고리 밑에서 어깨가 움직일 때면 우람한 근육이 꿈틀대는 것을 볼 수 있었다. 거대한 지렛대의 힘을 가진, 한 마디로 대단한 체격이었다.

그의 온몸은 우람한 근육으로 꿈틀거렸고 금방이라도 터질듯 팽팽하게 부풀어 올라 있다. 금방이라도 포효하며 뛰쳐나갈 것 같은 야수 같은 강인한 몸집이다. 게다가 거만한 눈은 또 어떤가. 거대한 몸짓과 상대를 깔보는 듯한 그 눈빛을 마주하게 된다면 웬만큼 대담하지 않은 사람들은 금세 뒤꽁무니를 뺄 것이다. 이는 단순히 육체적 힘의 우위에서 나오는 것이 아니라 그를 둘러싼 특권 계층의 힘을 보여주는 것이다. 조상 대대로 부를 상속받은 유서 깊은 가문. 그 가문은 그에게 사람보다는 돈이 더 중요하다는 가치관을 심어주었다. 돈은 모든 가치의 척도일 뿐 아니라 자신을 다른 사람과 구별 짓는 방식이다. 돈을 가지지 못한 사람은 그 언제든 자신의 이익을 위해 마음껏 이용할 수 있으며 소유하고 착취할 수도 있다. 톰에게 가난하고 신분이 낮은 자는 그저 필요할 때 이용하는 수단에 불과하다.

소설 속에서 톰에 대한 묘사가 특히 그의 외형에 집중된 것도 흥미롭다. 그의 뛰어난 육체에 대한 묘사는 반대로 그가 정신적인 면이 결핍됐다는 것을 여실히 보여준다. 그는 강한 육체를 바탕으로 현실 속에서 강한 힘을 과시한다. 그리고 그 힘의 근원은 그가 소유하고 있는 부 때문이다. 이는 또한 그 당시 미국 사회에서 부란 어떤 것인지 어떤 사회적 힘을 가질 수 있는지를 여실히 드러내준다.

반면, 웨스트에그는 주로 개츠비 같은 신흥부자들이 사는 지역이다. 노르망디 시청을 그대로 본떠 지은 개츠비의 저택은 집 모양부터 건축양식까지 톰의 저택과는 많이 다르다.

노르망디 시청을 그대로 본뜬 것으로, 한쪽에는 가느다란 수염 같은 담쟁이덩굴로 뒤덮인, 지은 지 얼마 되지 않은 듯한 탑과 대리석 풀장 그리고 무려 40에이커가 넘는 잔디밭과 정원이 딸려 있다.

보라. 외양만 해도 급조한 집으로 보이지 않는가? 게다가 전통 깊은 어떤 양식을 따른 것도 아닌 노르망디 시청을 본뜬 모방작이지 않는가. 갑자기 돈을 모은 누군가가 상류층을 따라잡기 위해 급하게 지은 건물임에 분명하다. 이는 개츠비가 그런 인물이란 것을 비유적으로 보여준다. 그가 많은 부를 소유하게 된 것은 얼마 되지 않았으며, 어떻게든 그 부로써 상류계급에 끼고 싶어하는 바람을 드러낸다.

하지만 개츠비가 겉모양이 달라졌다고 해서, 톰처럼 많은 부를 소유하고 값비싼 옷을 장만했다고 해서 결코 톰과 같은 부류의 사람이 될 수는 없었다. 아무리 발버둥쳐도 그는 그가 속한 계급을 벗어날 수 없다. 종교적·계급적 차별을 피해 신대륙으로 이주해 온 미국인들은 이상하게도 그들이 받았던 차별의 역사를 그대로 그 땅에서 답습하고 있는 것이다. 보잘것

없는 가문 출신에다가 가난하고 배운 것도 없는 개츠비가 그
땅에서 상류층으로 사는 것은 거의 불가능한 일일 뿐이다.

헛되고 헛되도다

얼마 전 개봉된 윌 스미스 주연의 "행복을 찾아서"가 관
객들에게 잔잔한 여운을 남기며 선전했다. 노숙자에서 월스
트리트 정상에 오른 크리스 가드너의 동명 자서전을 영화화
한 작품이다. 영화 속에서 크리스 가드너로 분한 윌 스미스
는 팔리지 않는 의료기, 골밀도 검사기인가를 파느라 하루 종
일 뛰어다니는 세일즈맨이다. 물건이 팔리지도 않고 앞으로도
영 팔릴 가망성이 없어 보이는 한물간 의료기기이니 이 친구
의 고생은 말 안 해도 짐작할 만하다. 결국 견디다 못한 아내
는 그의 곁을 떠나고 남은 것이라곤 골칫덩어리인 골밀도 검
사기 몇 대와 세금고지서, 압류당한 자동차, 그리고 어린 아들
뿐이다. 게다가 월세를 내지 못해 집에서 내쫓기고 그나마 어
렵사리 구한 모텔에서도 숙박비 때문에 쫓겨나 노숙자가 된다.
그러나 그는 매일 아들의 손을 잡고 노숙자 쉼터에 들어가려
고 길게 늘어선 사람들 틈에 끼어 있으면서도 주식중개인 인
턴 과정을 밟고 있다. 땡전 한 푼 나오지 않고 과정을 수료하
더라도 60 대 1이란 경쟁을 통과해야 겨우 정식 사원이 될 수
있다. 그러한 상황 속에서도 늘 희망을 갖고 열심히 자신의 한
계에 부딪친 우리의 주인공은 웬만한 영화가 그렇듯 인턴 과

정을 무사히 마치고 정사원이 되더니 마침내 어마어마한 풀장
이 딸린 집을 갖게 된다.

영화의 첫 장면에서 윌 스미스는 미국독립선언서 이야기
를 한다. 누구에게나 행복추구권이 있다는 것. 때문에 보잘것
없는 자신도 행복할 권리가 있으므로 그것을 찾겠노라고. 그
리고 그것을 증명이라도 하듯 버젓이 갑부가 되었고, 그 부야
말로 진정한 행복이 되지 않았는가.

그렇다면 개츠비의 꿈은 이루어져야만 했다. 사랑하는 사
람을 위해 부를 축적했으니 당연히 자신이 꿈꾼 대로 데이지
를 손에 넣어야만 했다. 그리고 그 둘은 영원히 행복하게, 라
는 동화 속 이야기 같은 끝을 맞이해야 했다. 그의 노력이 부
족했는가? 그녀를 향한 그의 마음이 부족했는가?

영화를 보는 내내 나는 불편한 마음을 누그러뜨릴 수가
없었다. "행복을 찾아서"라는 제목 아래 행복을 찾는 방식이
결국은 부라는 것도 맘에 들지 않았지만, 정말 맘에 들지 않는
건 '새로운 희망을 얻었다'는 둥, '결코 포기하지 않고 열심히
노력한다면 원하는 것을 다 얻을 수 있으니 꿈을 버리지 않고
열심히 살겠다'는 둥 하는 감상평들이다. 가난한 사람은 결코
행복할 수 없는 것인가. 가난한 사람은 원래 아무런 노력도 하
지 않았기 때문에 가난한 게 당연한 것인가?

물질적 풍요를 이룩한 근대화의 논리는 이제 개인을 공격
하기에 너무도 편한 모습을 하고 있다. "부자가 천국에 들어

가기는 낙타가 바늘구멍에 들어가기보다 어렵다"는 성경 구절은 더 이상 통하지 않는다. 부자는 그만큼 자신의 한계와 싸우며 열심히 산 사람이고, 가난한 사람은 노력하지 않았으니 가난할 수밖에 없다는 것이다. 가난한 것도 낮은 사회적 지위도 전부 그 사람 탓이다.

영화 속 한 장면. 노숙자들이 쉼터에 들어가기 위해 서로 자리를 다투며 커다란 건물을 빙 돌아 줄을 서 있는 앞으로 값비싼 스포츠카를 탄 젊은이들이 환호성을 지르며 지나간다. 같은 날, 같은 장소, 같은 시간 속에서 일어난 일이다. 이것은 무엇을 의미할까? 우리는 진정 내 노력 여하에 따라 모든 것을 물질적으로 보상받을 수 있는 그야말로 꿈의 세계에 살고 있는 것일까?

그야말로 지지부진한 아메리칸 드림이 아닐 수 없다. 말 그대로 꿈에 불과한, 현실로서는 도저히 불가능한 이야기. 물질적인 가치가 전부인 그 시대의 흐름을 따르기 위해 열심히 노력한 개츠비의 꿈이 산산조각 나는 것만 보아도 알 수 있다. 그 꿈이 얼마나 헛되고 헛된 것이었는지를.

윌 스미스는 그런 악조건 속에서 부도 얻고 행복을 찾았다고 하니, 그리고 그 영광이 현재까지도 이어지고 있다니, 어쩌면 가능한 일인지도 모르겠다. 하지만 그것은 어디까지나 하나의 특수한 상황일 뿐이다. 모두에게 그런 길이 열려 있다고 하면 아무도 그것을 열망하지는 않았을 것이다. 극히 일부분의 특수한 사례를 두고 전 세계인이 열광하는 것이 나는 못내 불편했다.

왜곡된 실체

사랑하는 두 남녀가 집안의 반대로 헤어진다. 둘은 몇 년 후 다시 만나자고, 우리 사랑 변치 말자며 두 손 꼭 붙들고 먼 미래를 기약한다. 그리고 다시 만나기로 한 그 날, 그 시간, 그 장소. 만약 다시 만났다고 한다면 그들은 정말 위대한 사람이었으리라. 십 년이면 강산도 변한다는 말이 있듯이 시간 앞에서 한 치의 변화도 없는 것은 없다. 만약 그들이 다시 만났더라면 글쎄, 각자의 기억 속에 담긴 환상에 기대었을 뿐, 지금 앞에 서 있는 연인 자체에 대한 그리움은 아니었을 것이다.

모든 것은 시간 앞에서 무력하다. 그러므로 영원불변의 진리란 존재하지 않는다. 이 변화를 가장 잘 말해 주는 것이 바로 사람의 마음이다. 지금 이 순간에도, 이 글을 쓰고 있는 나도 이 글을 읽고 있을 당신도 머릿속에 수천수만 가지의 생각이 생겨났다 사라질 것이다. 매년 해가 바뀌면 수많은 사람들이 올 한 해 동안 이루고자 하는 일들로 계획을 세운다. 그 중 얼마만큼이 현실이 될까.

그런데 여기 5년이란 시간 동안 한 치도 변하지 않은 사람이 있다. 아니다, 변하지 않은 게 아니라 그의 모습도 그의 사회적 배경도 모두 변했지만 변하지 않는 한 가지가 있었다.

한 여자를 사랑하는 마음.

하지만 그것은 사랑이라고 하기엔 너무 이상해 보인다. 그것은 어쩌면 동경에 가까운 것이었다. 평생을 가난하고 소외당한 계층에서 살아온 젊은이에게 부유함 속에서 빛을 발하는 아름다운 여인의 미소는 세상 그 어느 것보다도 아름답고 눈부셨다. 가진 것이라고는 젊음과 열정뿐이었던 청년에게 그 미소는 처음으로 자신의 삶도 따뜻할 수 있다는 것을 알게 해주었다. 그는 그 따스함을 갖고 싶었지만 그러기에는 너무도 가난했다. 청년은 여인의 그 미소가 부유함 속에서만이 가능하다는 것을 알고 있었기에 자신의 가난한 처지를 알리지도 못한 채 그녀를 떠날 수밖에 없었다. 그럼에도 청년은 여자를 잊을 수가 없다. 그녀를 다시 얻으려고, 그녀의 미소를 그의 곁에 두려고 죽을 힘을 다해 돈을 벌었고, 드디어 그녀 앞에 다시 나타날 수 있었다. 그러나 꿈에 그리던 그녀를 만났지만 여전히 불안하다. 과거처럼 그녀 역시 그를 사랑하고 그만을 그리며 살았을 것이라고 생각했지만 그녀는 다르다.

그녀의 기억 속에서 그 남자의 존재는 이미 잊혀진 지 오래다. 5년이란 세월 동안 그녀는 조금도 변하지 않았다. 아름다웠고, 순수한 웃음 또한 여전했다. 그런데 안타깝게도 그녀의 생각 또한 그대로였다. 예나 지금이나 자신의 안정을 위해서만 삶을 선택하고 살아갔으며, 마음껏 돈을 쓰고 모든 이의 부러움의 대상이 되는 계층에 속해 아름다움과 부를 과시하는 데서 기쁨을 찾았다. 꿈꿀 줄도 삶의 의미를 발견할 수도 없는 데이지는 너무도 당연하게 개츠비를 과거 속으로 날려버리고 현재의 삶을 유지하기 위한 방법을 찾게 된다. 바로 부유한 가문에 속하는 톰과 결혼한 것.

어쩌면 개츠비의 불행은 도저히 꿈꿔서는 안 될 대상을 꿈꾸었다는 데서부터 출발했을 것이다. 그가 꿈꿨던 데이지와 현실의 데이지는 같은 인물이 아니었다. 세상을 살아가는 데는 사랑보다는 돈이나 지위가 더 큰 도움이 된다는 것을 이미 알고 있었다. 어쩌면 데이지 같은 여성에게 이 같은 사고방식은 너무도 당연한 것인지 모른다. 어릴 적에는 아버지의 그늘에서 안식을 취하고, 결혼 후에는 남편의 부와 권력이 바로 자신의 삶을 결정하는 요인이 된다는 것을 보고 자란 부유하고 교양 있는 집안 출신의 여자에게 다른 삶의 방식은 꿈꾸기 힘들었을 것이다.

개츠비는 데이지의 사랑을 얻기 위해 거짓말이라도 해야 했다. 가난한 그로서는 거짓말을 하지 않고서는 데이지의 사랑을 얻을 수조차 없다. 그는 데이지가 원하는 개츠비가 되어야 했다. 유서 깊은 부유한 집 자제에 학식도 뛰어난 사람이어야 했다. 사랑하는 데이지가 다른 사람과 결혼한다는 것을 알면서도 행여 자신의 진짜 모습이 드러날까봐 그 앞에 나서지도 못한 개츠비였다.

그럼에도 개츠비는 데이지라는 환영에 모든 삶을 걸고 꿈을 꾸기 시작한다. 거짓된 자신의 모습 위에 그 특유의 감수성과 열정으로 아름다운 환상을 빚어낸 그의 꿈은 그러기에 아무런 실체도 갖지 못한다.

그녀를 다시 얻기 위해 밀주업으로 돈을 모으고, 그 돈으로 그녀의 집이 내다보이는 곳에 커다란 집을 구입한다. 그러고는 행여 그녀를 아는 사람을 만날 수 있을까 하는 작은 기대 때문에 본인은 잘 참석하지도 않는 성대한 파티를 열고 또 연다. 그리고 5년여 만에 다시 그녀를 만나는 순간, 정신을 차릴 수가 없다. 처음에는 당황하고, 그 다음에는 지금 눈앞에 그녀가 있다는 사실에 기뻐하며 놀라고 또 놀란다. 하지만 이런 기쁨과 환희의 순간, 그는 꿈에 그리던 그녀가 맞는지, 정말 그의 꿈이 이루어진 것인지 멍해진다. 그도 그럴 것이 개츠비의 꿈은 이미 데이지를 넘어선 데 있었다.

"그녀는 이해하지 못해요." 절망적으로 그가 말했다. "전에는 이해했거든요. 우린 몇 시간씩이나 앉아서…."

그는 갑자기 말을 끊더니 과일 껍질이며 버린 선물과 짓이겨진 꽃들이 어지럽게 널려 있는 길을 왔다 갔다 하기 시작했다.

"나 같으면 그녀에게 너무 많은 것을 요구하지는 않을 겁니다." 내가 불쑥 말했다. "과거는 반복할 수 없지 않습니까."

"과거를 반복할 수 없다고요?" 그는 믿어지지 않는다는 듯이 큰소리로 말했다. "아뇨, 그럴 수 있고말고요!"

그는 마치 과거가 그의 손에 닿지 않는 곳에, 집앞 그늘진 구석
에 숨어 있기라도 하듯 주위를 두리번거렸다.

"전 모든 것을 옛날과 똑같이 돌려놓을 생각입니다." 그가 단호
하게 고개를 끄덕이며 말했다. "그녀도 알게 될 겁니다."

개츠비의 꿈은 데이지와 함께 꾸려갈 미래에 있는 것이
아니라 과거 속에서 잠자고 있었다. 그녀를 처음 만났을 때의
떨림과 환희를 재현해내고 싶었던 것이다. 잠자고 있던 과거
를 다시 되돌려놓을 수 있을 것이란 믿음. 사람들도 변하고 세
상 모든 것들이 변하는 데도 개츠비만은 여전히 과거 속에서
살고 있기 때문에 변해 버린 그녀를 이해할 수가 없다. 자신을
바라보던 그 사랑스런 눈빛, 자신의 말에 온몸과 마음을 기울
여 응답했던 모습이 어떻게 변할 수 있단 말인가.

개츠비는 어쩌면 자신이 제일 잘 나가던 시절을 늘 꿈에
그리며 사는 어느 늙은 록 가수 같은 삶을 살았는지도 모른
다. 하지만 대부분의 경우, 과거를 그리워하고 꿈꾸며 살지만
그 과거를 그대로 미래로 옮겨놓을 생각은 하지 않는다. 개츠
비가 위대한 이유는 바로 거기에 있다. 아무도 꿈꾸지 않은 것
을 꿈꾸었다는 것. 그 누구도 과거가 그대로 반복되지는 않는
다고 생각하지만 개츠비만은 달랐다. 그는 과거의 영광 속에
서 살았고, 그게 현재가 되며 미래도 가능하게 해주었다. 그러
나 데이지는 과거도 미래도 아닌 눈앞의 현재를 위해 살아간다.

그들의 삶은 어쩌면 처음부터 영원한 평행선을 그리도록 정해진 것 같다.

영원한 타자

윌 스미스가 연기한 크리스 가드너처럼 사람들은 누구나 꿈을 꾸고 그 꿈을 이루기 위해서 노력한다. 그렇다고 누구나 그 꿈을 이룰 수 있는 것은 아니다. 현대 사회는 마음껏 꿈꿀 수 있지만 그러기 때문에 좌절감을 더 크게 맛보아야 한다.

근대에 이르러 개인을 옭아매던 구시대적인 관습과 제도는 사라졌고 개인의 삶은 진정한 자유를 얻었다. 어떤 꿈을 꾸든 그 꿈을 이룩하는 것은 순전히 개인의 몫이다. 이제는 청소부의 아들로 태어났어도 대통령이 될 수도 있고, 대통령의 아들로 태어났어도 청소부가 될 수도 있다. 자신의 꿈을 이룩하지 못한 패자에게는 이 한 마디면 충분했다. 너 열심히 노력하지 않았구나. 다음에는 더 열심히 노력해 보렴.

무한히 펼쳐져 있는 꿈 때문에 비난의 화살도 무한하다. 옆집 아이는 학원 하나 안 보내도 일류대에 갔다는데, 너는 뭐가 부족해서 그 모양이냐, 라는 말을 듣고 억울해 하면서도 어디 하소연할 데도 없다. 공부 잘해서 좋은 대학에 가고 좋은 직장에 들어가서 돈을 벌지 않으면 '노력하지 못한 사람'이 되는 세상인 것이다. 말해 놓고 보니 앞뒤 맥락이 맞지 않는다. '무한히'라는 구호 아래 숨겨진 대상이 오직 '돈'이라니! 참

얄궂게도 세상은 '내 꿈을 펼쳐라'라고 하면서도 결국 하나의 길밖에 만들어놓지 않는다. 그리고 그 길 밖에 선 사람은 인생의 낙오자가 되고 만다.

그런데 그 성공의 길이란 것이 단순히 노력만으로 가기에는 너무도 힘든 길이다. 그 길은 먼저 걸어간 누군가들이 이미 다 차지하고 서서 도무지 길을 내어주려 하지 않기 때문이다. 이미 길을 차지하고 선 그들은 혼자만 기득권을 지키려 하고, 누군가가 자신들의 무리로 새로 들어오려고 할 때에는 감춰진 발톱을 드러낸다.

"이 친구는 모든 것을 다 파헤쳐 놓았어. 지배 인종인 우리 백인이 정신을 바짝 차려야 한다는 거야. 만일 그러지 않으면 다른 종족이 이 세계를 제패하게 될 거라는 거지."

"그들을 밟아버려야 해요." 데이지는 태양빛이 눈부신 듯 격렬히 눈을 깜박거리며 속삭이듯 말했다. (중략)

"이 책에서 말하고 있는 건 우리가 북유럽 인종이라는 거야. 나도 당신도 또 당신도, 그리고…." 그는 아주 잠깐 망설이더니 고개를 끄덕이며 데이지까지 포함시켰고, 그러자 그녀는 나에게 다시 눈짓을 보냈다. "그리고 문명을 이루는 것들은 모두 우리가 만들어낸 거야…. 아, 과학과 예술 같은 것들 전부 말이지. 이제 내 말 알아듣겠어?"

톰은 세상을 지배하는 인종이 백인이라며, 그 부류에 자신들(톰, 닉, 조던 베이커, 데이지)을 집어넣는다. 그리고 자신들이 바짝 정신을 차리지 않으면 다른 종족이 이 세계를 지배할 것이므로 자신들의 자리를 굳건히 지키는 것이 무엇보다도 필요하다고 말하고 있다. 톰의 논리 속에는 나 이외에, 내가 속한 세계 이외의 세계를 부정하고 배척하는 시선이 담겨 있다. 톰은 자신의 지위와 부를 이용해 결혼을 하고, 결혼 후에도 많은 여자들과 염문을 뿌리고 다니면서 오히려 자랑거리로 삼는다. 마치 자신은 상위계층에 속하니까 그 아래 계층에는 함부로 대해도 된다는 것처럼. 톰의 이런 태도는 개츠비를 대하는 데서 그 빛을 발한다.

"큰 파티가 열릴 텐데, 그자는 파티에 오는 사람 중에 아는 사람이 하나도 없을 거야." 그가 눈살을 찌푸렸다. "도대체 그자는 어디서 데이지를 만난 걸까? 맙소사, 내 생각이 구닥다리인지는 모르겠지만 요즈음 여자들이 너무 쏘다니는 게 영 마음에 들지 않는단 말씀이야. 별 괴상한 녀석들을 다 만나거든."

톰은 개츠비가 어떤 생각을 갖고 어떤 삶을 살고 있는 사람인지에는 관심이 없다. 톰이 사람을 판단하는 기준은 그 사람이 유서 깊은 가문 출신인지, 그 가문의 부는 어느 정도인지였다. 톰의 입장에서 보면 개츠비는 아무 연고도 없이 갑자기 어디선가 불쑥 튀어나온 불청객에 불과하다. 게다가 그가 자신들 계층만이 소유할 수 있는 부를 가졌다는 것은 분명 뭔가 좋지 않은 방식으로 돈을 축적했다는 증거일 뿐이었다. 그에게 개츠비는 인간이라기보다는 '하나의 기분 나쁜 그 무엇'에 불과했다.

톰은 자신의 자리를 넘봐서는 안 될 존재가 자기 아내와 연관이 있다는 사실에 분노한다. 톰의 머리로는 개츠비의 열정과 사랑이 도무지 이해되지 않는다. 어떻게 사랑이 인생의 목표가 되고 최상의 가치가 될 수 있는가. 삶이란 남들보다 더 많이 갖고 더 높은 위치에 군림했을 때 비로소 가치를 발하는 것이었다.

결국 이런 인간들에 의해 개츠비의 꿈은 무참히 짓밟힌다. 그러고는 자신의 꿈을 제대로 꿔보지도 못한 채 죽음을 맞이한다. 개츠비는 톰과 데이지, 그들의 자존심과 안위를 지켜내기 위한 희생양이었을 뿐이었다.

파멸, 그리고 하나의 가능성

세상은 점점 하나의 가치관만을 추앙하고 요구하기 시작한다. 부는 선한 것이고, 행복을 담보해 준다. 반대로 가난은 악한 것이며, 그로 인해 수치라는 마음의 짐까지 떠맡게 된다. 부는 행복의 목적이 되고 수단이 되며 모든 삶의 가치를 결정해 주는 요인이다. 부를 떠나 다른 삶을 꿈꾼다는 것은 세계에 대한 도전이며 어리석은 자의 나약한 변명일 뿐이다.

　　현대 사회의 행복이란 것이 단 하나의 삶의 모습으로 귀착된다는 것은 슬프기 그지없는 일이다. 남들보다 조금 많은 돈을 벌어서 좀더 비싼 명품을 소유하고, 결국은 끊임없이 상품을 사들이는 삶의 방식. 그러나 이것은 마치 광대가 줄을 타듯 위태위태한 상황이다. 자칫 발이라도 헛디뎌 그 가느다란 줄 위에서 떨어지게 된다면 다시는 그 위로 올라갈 수 없게 되는 것이다.

　　사실 개츠비는 이러한 삶의 방식에서 조금은 비켜 서 있다. 개츠비에게 부는 그 자체가 인생의 목적이 아니라 원하는 무언가를 얻기 위한 수단으로 작용한다. 만약 그것을 얻기 위해 부가 아닌 다른 게 필요했다면 개츠비는 기꺼이 그쪽을 선택했을 것이다. 그런데 그가 사랑하는 여인과 함께할 수 있는 방식이 부였기 때문에 전심전력으로 부자가 되었다. 하지만 겉만 변했다고 해서 상류 계층이 본래부터 지니고 있던 황폐한 정신세계까지 물려받은 것은 아니었기에 그의 꿈은 너무나도 낭만적이고 희망적이었다. 부를 축적하면서도 그 자체만을 본 게 아니라 언제나 꿈은 사랑하는 여인 데이지에게 가 있었다.

　　그런 의미에서 개츠비는 위대하고 그 누구보다도 옳은 삶을 살았다. 다들 눈앞에 놓여진 전망만을 바라보며 줄 위에서 떨어질까 전전긍긍할 때 적어도 개츠비는 꿈과 환상을 간직하고 있었다. 자신의 삶 속에서는 도저히 꿈꿀 수도 꿈꿔서도 안 되는 것이었지만 그것을 이루기 위해 온갖 희생과 위험을 기꺼이 감수했던 것이다. 그 어떤 가능성을 품지 못하고 사는 세상에서, 그저 주어진 삶을 살아가는 죽어 있는 사람들 속에서 개츠비는 단 하나의 가능성이었고 희망이었다. 적어도 자신의 삶을 바꾸려 노력했고 결코 변하지 않을 진실을 간직하고 살아간 사람. 다만 개츠비의 진실을 제대로 알아보지 못하고 왜곡된 방식으로밖에 표현할 수 없게 만든 세계의 모습이 씁쓸할 뿐이다.

삶이란 잠깐씩 스쳐 지나가는 기쁨과 환희, 슬픔 속에서 이루어지는 일말의 가능성이다. 그 안에서 사람들의 삶은 끊임없이 소용돌이치겠지만 그래도 어떤가. 그것이 살아 있는 증거이고, 그대가 꿈꿀 수 있는 가능성이라면 어느 쪽을 택하겠는가. 아무 의심도 품지 않은 채 세계가 움직이는 방식에 자신을 기꺼이 던지겠는가, 아니면 자신만의 방식으로 세계와 맞설 것인가. 선택은 당신 몫이다.

〔06대입〕 성균관대 논술고사

"서울 주택가 지하에 비밀 공장을 차려 놓고 대량으로 가짜 해외 명품을 만들어 팔아온 제조업자와 유통업자들이 얼마 전 무더기로 경찰에 붙잡혔다. 정품이라면 1,000억 원 대에 이르는 물량이라고 한다. 가짜를 진짜처럼 똑같이 만들어 팔아오며 유통질서를 어지럽히고 대한민국을 가짜 천국이라는 오명을 쓰게 만든 이들에게 물론 일차적인 책임이 있다. 그러나 이들로 하여금 수십만 개에 이르는 가짜 명품을 만들게 한 것은 바로 가짜를 사들이는 소비자라고 할 수 있다. 살 사람이 없는 물건을 불법을 저지르면서까지 만드는 속없는 장사꾼이 있을 리 만무하다."(○○신문, 2005. 12. 9)

위 기사는 최근 우리 사회에서 이른바 '짝퉁'이라는 말로 대표되는 모조품 소비 현상이 얼마나 심각한지를 보여준다. 이러한 현상과 관련하여 다음의 제시문들을 읽고 물음에 답하시오.

〈제시문 1〉

사람들은 자신에 대해서 좋은 이미지를 유지하고 싶어 하기 때문에 자기가 생각하고 행동하는 방식대로 다른 사람들도 생각하고 행동한다고 믿는다. 이러한 현상을 '거짓 합치 효과'(false consensus effect)라고 부른다. 우리가 헌법 개정에 찬성하거나 특정 정당을 지지한다면, 다른 사람들도 우리처럼 생각한다고 믿는다. 어떤 일을 망치거나 바람직하지 못한 행동을 할 때, 다른 사람들 역시 마찬가지일 것이라고 생각함으로써 위안을 삼는다. 누군가에게 거짓말을 한 다음에는 자신이 속인 그 사람도 정직하지 못한 사람이라고 생각해 버린다. 탈세를 하거나 담배를 피우는 사람들은 다른 사람들 역시 탈세하고 담배를 피운다고 믿음으로써 자신의 이미지를 보호한다. 특정 인종에 대해서 부정적 생각을 가진 사람은 자신뿐만 아니라 다른 사람들도 그 집단에 대해서 좋지 않은 생각을 갖고 있다고 믿는다. 결국 다른 사람들이 어떻게 생각하는지 헤아리는 것은 실제로는 우리 자신이 어떻게 생각하는지 스스로 확인하는 것이라고 할 수 있다.

〈제시문 2〉

　　자동차를 사용하는 사람들 개개인 모두가 온실효과에 대해서 책임이 있지만, 너무 많은 사람들이 이 문제에 연루되어 있기 때문에 개인의 잘못이나 책임은 종종 간과된다. 생태학자인 개렛 하딘(Garrett Hardin)은 '목초지의 비극'(tragedy of the commons)이라는 용어로 이러한 사회적 딜레마 상황을 표현했다. 이 용어는 옛날 영국에서 흔히 발견되는 마을 공동 목초지에 기원을 두지만, 굳이 목초지가 아니더라도 공기, 물, 고래, 삼림 등처럼 여러 사람이 공유하고 있지만 그 양이 제한된 자원을 가리키는 데에도 사용된다. 만약 모든 사람들이 자원 사용을 절제한다면, 자원을 재충전하는 데 걸리는 시간도 단축되고 궁극적으로는 자원의 고갈을 막을 수 있다.

　　한 마을에 100마리의 젖소를 먹일 수 있는 크기의 공동 목초지가 있고, 이 공동 목초지를 100명의 농부가 공유하고 있다고 가정해 보라. 이 경우 목초지를 가장 효율적으로 사용하는 방법은 농부 한 사람당 한 마리의 젖소만 방목하는 것이다. 그런데 어느 날 한 농부가 "내가 가진 젖소 두 마리를 목초지에 내보내면 나의 우유생산량은 두 배로 느는 반면, 그로 인해서 목초지가 입는 피해는 단 1%에 불과하다"는 생각을

한다. 그래서 이 농부는 한 마리가 아닌 두 마리의 젖소를 목
초지에 내보낸다. 문제는 같은 생각을 다른 농부들도 한다는
것이다.

〈제시문 3〉

　　우리가 살고 있는 과학과 기술 그리고 정보의 시대는 어
떤 의미에서 '짝퉁의 시대'라고 할 수 있다. 그래도 아날로그
시대는 원형과 복제의 차이를 쉽게 알아낼 수 있는데 디지털
시대에 와서는 이 둘 사이의 차이가 사라졌기 때문에 문제는
더 복잡해지고 있다. 복사기로 책을 복사하다 보면 그래도 복
사본과 원본의 차이를 구별할 수 있는데 디지털 카메라로 잡
은 사진은 원본과 복사를 아예 구별할 수 없게 되어 있다.
　　일찍이 〈기술적 복제시대의 예술작품〉이라는 저서 속에
서 발터 벤야민(W. Benjamin. 1892-1940)은 예술작품이 바
로 그 일회성(一回性)으로 인해 공간과 역사 속에 뿌리를 내
리고 있다고 지적하면서 '비록 가까이 있는 것처럼 보여도 먼
곳에 있는' 유일무이한 '숨결(Aura)'이 깃든 것이 예술작품이
라고 정의했다. 그러나 기술복제 시대에 이르러 '이곳에서 그
리고 지금' 숨쉬는 진정성의 의미는 계속 퇴색되었으며 아무
곳에서나 또 아무 때나 이루어지는 복제는 그저 '흔적(Spur)'
만을 남길 뿐이라고 그는 지적했다. (이러한) '흔적'은 '숨결'
과는 반대로 '멀리 있는 것처럼 보여도 실은 가까이 있는 환영

(幻影)’일 뿐이라고 그는 덧붙였다.

　　그렇다면 ‘짝퉁의 시대’에는 살아 있는 ‘숨결’ 대신에 죽은 ‘흔적’만이 남아 있는 것은 아닌지. 살아 숨쉬는 ‘원형’에 대한 갈증이나 갈망은 사라지고 너나 할 것 없이 진짜처럼 보이는 ‘짝퉁’으로 요란스럽게 온몸을 휘감고 있지는 않은지. 진짜와 가짜를 구별할 수 없도록 만들고 있는 이 디지털 시대에 인간의 원형과 그의 숨결마저도 사라지는 그러한 황량한 시대를 우리 모두 함께 보내고 있지는 않은지. 우리 모두 한번 돌이켜볼 때다.

〈제시문 4〉

　　주먹을 쥔 표범이 도약한다. 한쪽엔 또 다른 표범이 나동그라져 있다. 원조 푸마를 때려잡는 건 더 센 푸마가 아니라 ‘임마(IMMA)’다. 홑겹 면티 하나가 시대를 담고 있다. 기존의 상표를 비튼 문양을 새겨 넣은 이름하여 ‘패러디* 면티’다. 패러디된 상표는 높은 가격으로 일반의 접근을 제한하는 브랜드 권력을 조롱하며 새로운 대항적 이미지를 형성한다. ‘짝퉁’들의 이런 유쾌 발랄한 반란은 최근 한국 사회 패러디 문화가 지닌 폭발력과 변화무쌍함을 상징한다.

　　처음으로 인터넷 대량거래를 시작했다는 한 업체는 첫

---

* **패러디**(parody) : 어떤 작품을 모방하여 그것을 익살스럽게 표현하는 수법 또는 그런 작품.

달에만 하루 4천여 장씩을 팔았다. 이후 후발업체가 경쟁적으로 생기면서 한 달 사이 동종업체 수는 10배 이상으로 늘어났다. 인기비결은 자명하다. 뒤틀리고 망가진 고가 브랜드가 '피식'대는 코웃음부터 통쾌한 폭소, 심지어 아랫배 뜨거워지는 애잔함까지 불러일으키기 때문이다. 2002년 월드컵 때 안정환 선수가 모델인 덕에 엄청난 판매고를 올린 '푸마'는 오늘날 배가 불룩 나온 비만 푸마나, 머리를 한껏 말아 올린 '파마' 등으로 재탄생을 거듭한다. 이들 패러디 푸마들은 '임마'처럼 하나같이 원조 푸마를 놀리고 거부한다. 나아가 포털사이트 다음이 '싸움(Ssaum)'으로, 프라다가 '구라다(9RADA)' 즉, 거짓말이다로, 빈폴이 리어카를 끌고 가는 모양의 '빈곤'으로, 폴로(POLO)가 말 탄 귀족에게 채찍을 맞는 '포로(Poro)'로 뒤틀릴 때는 사회적 경락*을 찌르는 듯한 비판정신이 담긴다.

---

* **경락**(經絡): 몸 안의 경맥과 난맥. 이 자리를 침·뜸으로 자극하면 관계된 장부의 병이 낫게 됨.

다락원 명작노트 050

위대한 개츠비

펴낸이 정효섭
펴낸곳 (주)다락원

초판 1쇄 인쇄 2007년 8월 16일
초판 1쇄 발행 2007년 8월 20일

책임편집 안창열, 김지영
디자인 손혜정, 박은진
번역 봉현선
삽화 손창복

다락원 경기도 파주시 교하읍 문발리 509-1
Tel:(02)736-2031 Fax:(02)732-2037
(내용문의: 내선 410/구입문의: 내선 113~114)
출판등록 1977년 9월 16일 제300-1977-23호

Copyright ⓒ 2007, 다락원

출판사의 허락 없이 이 책의 일부 또는 전부를
무단 복제·전재·발췌할 수 없습니다.
잘못된 책은 바꿔 드립니다.

값 8,500원

ISBN 978-89-5995-165-9 43740

〈행복한 명작 읽기〉는 기초가 약한 영어 초급자나 초, 중, 고 학생들이 보다 즐겁고 효과적으로 명작들을 읽으며 독해력을 키울 수 있도록 개발된 독해력 증강 프로그램입니다.

책의 특징

1 골라 읽는 재미가 있다. 초보자를 위한 350단어 수준에서 중고급자를 위한 1,000단어 수준까지 5단계 구성.

2 단계별로 효과적인 영어 읽기 요령과 영문 고유의 참맛을 느낄 수 있는 장치가 곳곳에.

3 읽기만 해도 영어의 키가 쑥쑥 - 해석을 돕는 돼지꼬리(◞), 영어표현 및 문법 설명, 퀴즈가 왕창.

4 체계적인 듣기 학습까지. 전문 미국 성우들의 생동감 넘치는 원음을 담은 오디오 CD 제공.

왕초보 기초다지기

쉬운 영문을 통해 영어 독해에 대한 막연한 두려움을 없앤다.

Grade 1 — Beginner — 350 words

1 미녀와 야수
2 인어공주
3 크리스마스 이야기
4 성냥팔이 소녀 외
5 성경 이야기 1
6 신데렐라
7 정글북
8 하이디
9 아라비안 나이트
10 톰 아저씨의 오두막

Grade 2 — Elementary — 450 words

11 이솝 이야기
12 큰 바위 얼굴
13 빨간머리 앤
14 플랜더스의 개
15 키다리 아저씨
16 성경 이야기 2
17 피터팬
18 행복한 왕자 외
19 몽테크리스토 백작
20 별 | 마지막 수업

국판 | **Grade 1, 2, 3** 각권 6,000원
(오디오 CD 1개 포함)

Grade 4, 5 각권 7,000원
(오디오 CD 1개포함)

*어린왕자 8,000원
(오디오 CD 2개 포함)

**고도를 기다리며 9,000원
(오디오 CD 2개 포함)

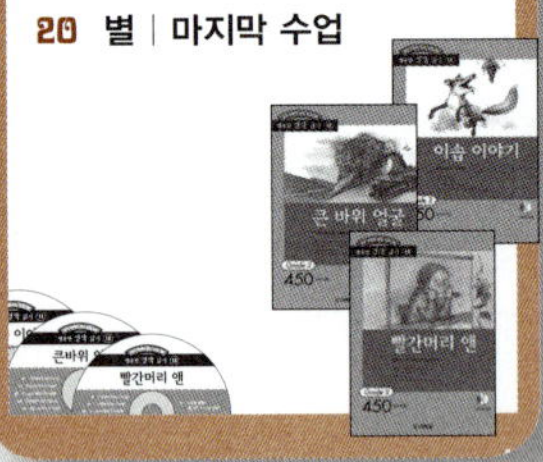

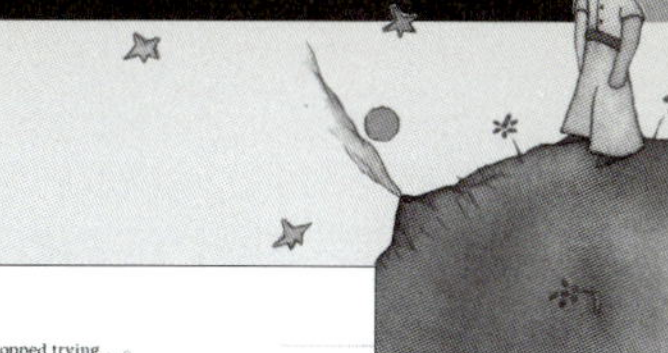

Response Notes
(독자의 공간)
영문을 읽어나가다
궁금한 점, 기억해 두어야
할 점을 메모한다.

해석 도우미
(일명 '돼지꼬리')
꼬리 끝에 해석을 돕는
힌트가 꽂혀 있다.

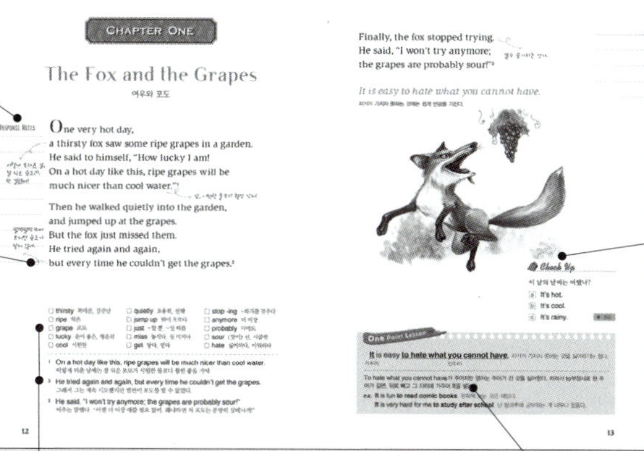

Check-Up
내용 파악이
잘 되었는지 확인.

One-Point Lesson
주요 문법사항이나 표현에
대한 심층 분석 코너.

주요 어휘 및 문장 해석

✦ 실력 굳히기 ✦

실력에 맞게 효과적으로 끊어 읽으며 직독직해 훈련을 한다.

영어의 맛
제대로 느끼기

영문판 원서 도전을 위한
전 단계의 준비과정이다.

Grade 3 — Pre-intermediate — 600 words

21 톨스토이 단편선
22 크리스마스 캐럴
23 비밀의 화원
24 헬렌 켈러, 나의 이야기
25 베니스의 상인
26 오즈의 마법사
27 이상한 나라의 앨리스
28 로빈 후드
29 80일 간의 세계 일주
30 작은 아씨들

Grade 4 — intermediate — 800 words

31 오페라 이야기
32 오페라의 유령
33 어린 왕자*
34 돈키호테
35 안네의 일기
36 고도를 기다리며**
37 투명인간
38 오 헨리 단편선
39 레 미제라블
40 그리스 로마 신화

Grade 5 — Upper-intermediate — 1000 words

41 센스 앤 센서빌리티
42 노인과 바다
43 위대한 유산
44 셜록 홈즈 베스트
45 포 단편선
46 드라큘라
47 로미오와 줄리엣
48 주홍글씨
49 안나 카레니나
50 나에겐 꿈이 있습니다
　 ─명연설문 모음

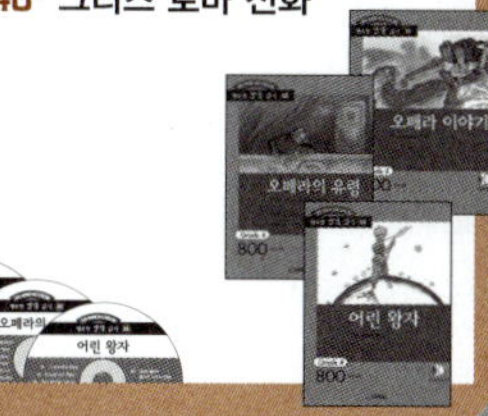

콕콕 찍어 들려주는 명작 리스닝 시리즈 [전20권]

세계 명작소설을 쉽게 고쳐 쓴 중·고생용 학습 교재. 독해와 함께 청취력 향상을 위해 전 내용을 녹음하고, 매 페이지에 리스닝 포인트를 두어 한국인이 듣기 어려운 부분은 또박또박한 발음으로 반복해 들려준다. 권말에는 영어듣기 테스트를 수록해, 입시에서 점점 비중이 높아지는 듣기시험에 대비하도록 했다.

□ 각 권 4·6판/140면 내외
□ 정가: 각 권 5,800원 (테이프 2개 포함)

① 이상한 나라의 앨리스 / 백설공주와 일곱 난쟁이
Alice's Adventures in Wonderland /
Snow White and the Seven Dwarfs

② 이솝 우화
Aesop Fables

③ 그림 동화집 / 잭과 콩나무
Grimms Fairy Tales / Jack and the Beanstalk

④ 재미있는 이야기 / 미녀와 야수
Famous Stories / Beauty and the Beast

⑤ 알라딘과 요술램프 / 이른 아침의 살인
Aladdin and the Magic Lamp / Dead in the Morning

⑥ 오즈의 마법사 / 흑마 이야기
The Wonderful Wizard of Oz / Black Beauty

⑦ 걸리버 여행기 / 쉽게 번 돈
Gulliver's Travels / Fast Money

⑧ 거울 속의 앨리스 / 정원
Through the Looking Glass / The Garden

⑨ 피터 팬
Peter Pan

⑩ 큰 바위 얼굴 / 크리스마스 선물 /
알리바바와 40인의 도적들
The Great Stone Face / The Christmas Present /
Ali Baba and the Forty Thieves

⑪ 돈키호테 / 헨리 포드 이야기
Don Quixote / Tin Lizzie

⑫ 로빈 후드 / 어느 병사의 죽음
Robin Hood / Death of a Soldier

⑬ 신문 배달 소년 / 긴 터널 / 몰리의 순례자
Newspaper Boy / The Long Tunnel / Molly Pilgrim

⑭ 언덕 위의 집 / 헤라클레스
The House on the Hill / Hercules

⑮ 우주 도시로의 여행 / 요술 정원
Journey to Universe City / The Magic Garden

⑯ 마르코 폴로 / 크리스토퍼 콜럼버스 /
올리버 트위스트
Marco Polo / Christopher Columbus / Oliver Twist

⑰ 삼총사 / 레슬러
The Three Musketeers / The Wrestler

⑱ 불의 전차
Chariots of Fire

⑲ 런던 경시청 이야기 / 아서 왕
The Story of Scotland Yard / King Arthur

⑳ 도난당한 편지 / 붉은 머리 사교회 /
트래버스 씨의 첫사냥
The Stolen Letter / The Society of Red-Headed
Men / Mr. Travers First hunt

패턴 따라 쉽게 쓰는 틴틴 영어일기 1, 2

❶ 일상생활 패턴정복
❷ 학교생활 패턴정복

중학교에 다니는 여학생과 남학생이 각각 일상생활과 학교생활을 중심으로 1년간의 일을 쉽고 재미있게 쓴 영어일기. 중학생이라면 누구나 한번쯤 겪어봤을 만한 일들을 바탕으로 한 다양한 일기 소재와 어휘가 제공되어 있기 때문에, 영어일기를 통해 영작을 연습하려는 학습자에게 큰 도움이 될 수 있는 교재이다. 중·고생뿐만 아니라, 중학 영어를 미리 예습하려는 예비 중학생들에게도 아주 효과적인 영어 학습서로 강추!

□ 정미선 지음 / 4·6배 변형 / 192면
□ 정가 10,000원 (오디오 CD 1개 포함)

Teen Teen Diary (전3권)

❶ 매일 10단어로 뚝딱 중학생 영어일기

중1 수준의 어휘와 문장으로, 영어일기와 일상회화에 대한 감각을 익힌다.

□ 성미선 지음 / 신국판 / 144면
□ 정가 7,500원 (테이프 1개 포함)

❷ 매일 5문장으로 술술 중학생 영어일기

중2 수준의 어휘와 문장으로, 영어일기에 친숙해지고 자신감을 쌓는다.

□ 정미선 지음 / 신국판 / 152면
□ 정가 7,500원 (테이프 1개 포함)

❸ 매일 내맘대로 쓱싹 중학생 영어일기

중3 수준의 어휘와 문장으로, 중학영어를 마스터하고 미국의 일상회화에 익숙해진다.

□ 정미선 지음 / 신국판 / 144면
□ 정가 7,500원 (테이프 1개 포함)

지니의 미국생활 영어일기 Hello! America (전2권)

❶ 가을학기   ❷ 봄학기

어느 한국 여학생의 미국생활 이야기를 일기 형식으로 담은 책. 1권은 '가을학기', 2권은 '봄학기'편으로, 총 1년간의 미국 학교생활 및 일상생활에 관한 흥미로운 이야기들이 담겨 있다. 미국 학생들의 실생활을 바탕으로 한 탄탄한 스토리로 살아 있는 현지 영어와 미국문화를 체험할 수 있을 뿐만 아니라, 영어 독해 및 영작 연습을 할 수 있는 아주 유용한 교재이다.

□ 이지현 지음 / 국배판 변형 / 152면
□ 정가 8,500원

Notes

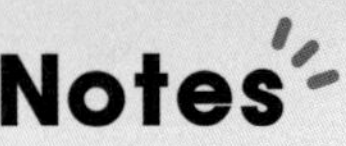